AF311517

EN ESPAGNE

DE SEPTEMBRE 1903 A JUILLET 1904

Extrait d'un Rapport de mission

DE

René NIELLY

LIEUTENANT DE VAISSEAU

PARIS

LIBRAIRIE MILITAIRE R. CHAPELOT et Cᵉ

IMPRIMEURS-ÉDITEURS

30, Rue et Passage Dauphine, 30

1906

EN ESPAGNE

DE SEPTEMBRE 1903 A JUILLET 1904

(Extrait d'un rapport de mission.)

PREMIÈRE PARTIE.

COUP D'ŒIL JETÉ SUR LE PASSÉ DE L'ESPAGNE ET SUR L'HISTOIRE DE SA LITTÉRATURE.

Vue générale de l'histoire d'Espagne.

Les premiers habitants de la Péninsule sont des Ibères, probablement venus du Sud, et des Basques, d'origine plus obscure encore. Des comptoirs grecs, phéniciens, carthaginois se fondent de bonne heure sur la Méditerranée ; des Celtes envahisseurs, venus du Nord, se mêlent aux Ibères ; les relations des Celtibères avec le reste du monde s'établissent surtout par les côtes.

Les Romains, en 200, deviennent les maîtres ; et, malgré les continuelles révoltes des Celtibères, l'Espagne se latinise. L'Espagne romaine est florissante ; elle donne à l'empire Trajan et Hadrien, aux lettres Sénèque, Martial, Quintillien.

En 400, les Suèves, Alains, Vandales et autres Barbares, font irruption par les brèches des Pyrénées. Honorius, en 412, confie à Ataulf, successeur du roi goth Alaric, le gouvernement de l'Espagne du Nord-Est. De terribles luttes s'engagent entre les Pyrénées et la mer : les Alains sont anéantis, les Vandales pourchassés se réfugient dans le Sud (Vandalusia), puis passent le détroit ; les Goths et les Suèves triomphent. Le VIe siècle est une ère de calme relatif et de prospérité. En 586, Recared, roi de tous les Goths, abjure l'arianisme à Tolède, sa capitale ; son peuple entier se fait catholique.

Roderic, dernier roi goth outragea la fille du comte Julien, gouverneur de Ceuta ; celui-ci, pour se venger, provoqua l'invasion musulmane.

Tarik, lieutenant du vali de l'Afrique du Nord, débarque au mont Calpé (Djebel-al-Tarik, Gibraltar). Roderic, après trois jours de bataille, est écrasé sur les bords du Guadalete (715). L'Islam s'étend sur le pays goth, monte jusqu'à Tolède ; les chrétiens pourchassés se réfugient dans les solitudes montagneuses de Castille et des Asturies ; ils prennent pour roi Pélage (Pelayo).

La marche des musulmans ne s'arrête pas ; ils entrent dans la Gaule gothique. Eudes devant Toulouse, Charles Martel devant Poitiers, les arrêtent (732).

En 750, l'unité de l'Islam est rompue : Abd-er-Raman, révolté contre l'autorité suprême des Abassides de Damas, érige Cordoue en califat indépendant. Cependant les chrétiens, dont la capitale est Oviedo, étendent lentement leur petit royaume. Charlemagne les soutient.

Le règne d'Abd-er-Raman est celui d'un homme éclairé et d'un sage politique ; il marque le début de la civilisation arabe qui, au Xe siècle, atteint son apogée.

Aux XIe et XIIe siècles, luttes sanglantes entre les musulmans et les chrétiens du Nord dont la puissance augmente ; c'est l'époque du Cid Campeador. Peu à peu, Asturiens, Castillans, Aragonais, Navarrais, s'unissent, reprennent Tolède, Valence, Séville ; les Maures d'Afrique (maghrebyn) sont appelés par les Maures levantins (schargyn, Sarrasins) ; Castille et Aragon, bien que désunis, luttent contre l'ennemi commun ; les Almohades, Berbères d'Afrique, accourent pour se joindre à leurs frères musulmans.

L'Espagne chrétienne se sent menacée, le Pape prêche la croisade ; la France, l'Allemagne, l'Italie envoient des renforts aux Castillans dont la bannière est victorieuse à las Navas de Tolosa (1212).

Cette date marque le commencement de la décadence arabe. Malgré les guerres civiles entre chrétiens, Alphonse III de Castille et

Jaime d'Aragon reprennent Cordoue, Valence, les Baléares. Enfin, Ferdinand épouse Isabelle; Aragon et Castille se réconcilient pour ne plus former qu'un peuple. Grenade est prise en 1492.

Des murailles de l'Albaycin, au-dessus de Grenade, on m'a montré, dans la sierra Nevada, un pic que la tradition appelle « Siège ou Soupir du Maure »; Boabdil en fuite s'y assit un moment, raconte la légende, pour jeter un dernier regard sur l'admirable pays que l'Islam avait occupé pendant sept cents ans.

En 1516, avec Charles-Quint, la maison d'Autriche s'asseoit sur le trône espagnol. Quelque brillants qu'aient été les débuts de cette dynastie, elle a été funeste à la patrie de Cervantes.

L'Espagne se démembre et se ruine peu à peu, au milieu de son apparente richesse, avec le sombre Philippe II, avec Philippe III et le duc de Lerma, avec Philippe IV et Charles II. C'est l'époque tragique de l'Inquisition, de la « Santa Hermandad », des « autos de fe », de l'émigration au Nouveau-Monde; pour le peuple, époque de terreur et de misère inouïe.

De 1516 à 1704, l'Espagne perd les Flandres, le Roussillon, le Portugal, l'Artois, la Franche-Comté; enfin, Gibraltar et toutes ses possessions européennes en dehors de la Péninsule elle-même.

L'histoire de la dynastie autrichienne en Espagne, a été, suivant Donoso Cortés, « une parenthèse »; jugement bien trop peu sévère auquel je préfère celui de Charles de Mazade : « Cette maison surprit les instincts belliqueux de l'Espagne, pour la pousser hors de sa véritable voie et la conduisit au cloaque du règne de Charles II. Tout grand qu'il fut, c'est Charles-Quint qui est le premier auteur de la décadence de la Péninsule. »

Jusqu'à la régence de Christine, les Bourbons ne s'occupent qu'à maintenir, avant tout, le pouvoir absolu; les compétitions et intrigues de tout genre, l'influence des partis étrangers, créent une agitation perpétuelle. La guerre acharnée de l'Indépendance (1808-1814), où le peuple espagnol fait preuve d'une énergie et d'un patriotisme remarquables contre Napoléon, semble devoir amener un courageux réveil; son fruit est une constitution libérale que Ferdinand VII, aidé du duc d'Angoulême, détruit bientôt (1823) pour revenir à l'absolutisme.

Les idées de la nation contrainte se font de plus en plus progressistes ; le parti carliste se forme cependant, complique la situation.

Le règne d'Isabelle, la dictature d'Espartero, le retour de la reine et son abdication ; le rapide passage sur le trône espagnol d'Amédée d'Aoste, fils de Victor-Emmanuel, son départ volontaire, la proclamation de la République ; enfin le rappel d'Alphonse XII, fils aîné d'Isabelle, à la suite du *pronunciamiento* de Martínez Cámpos... tous ces événements se succèdent, bouillonnent pour ainsi dire, dans un pays mécontent, mal administré, écrasé d'impôts, très divisé surtout.

Alphonse XII, souvent appelé « le Pacificateur », trouva devant lui une lourde tâche et fit beaucoup pour la paix politique ; il termina la guerre carliste et donna une constitution qui laissait le pouvoir aux Cortés.

A partir de 1885, sa veuve, Marie-Christine d'Autriche, exerça une difficile régence. Ses dernières colonies échappèrent à l'Espagne après les désastres de Santiago de Cuba et de Cavite.

Nous verrons à quel point est troublée la situation politique actuelle, malgré la confiance que semblent inspirer à la majorité des Espagnols la jeunesse et l'activité de leur roi.

Coup d'œil sur l'histoire de l'art espagnol.

J'ai tenu à tracer à grandes lignes ce squelette de l'histoire d'Espagne avant de jeter un coup d'œil sur le passé de son art et de sa littérature ; les œuvres des grands artistes, des grands écrivains surtout, jaillissent des événements et rien n'est frappant comme les évolutions parallèles, même lorsqu'on ne peut y jeter qu'un regard d'ensemble.

Les Carthaginois, les Phéniciens n'étaient pas des peuples artistes ; les fouilles actuelles ne mettent guère au jour que des copies de l'art égyptien. Ce fut l'Empire romain qui commença à enseigner les arts à l'Espagne ; il la couvrit d'aqueducs, de théâtres, de temples.

Les Goths n'avaient que le goût des armes et des bijoux ; on peut dire que l'Islam pénétra dans un pays d'art romain.

Il s'appropria les monuments, empruntant ici une voûte, plus loin une colonne, convertissant un temple en mosquée, créant en un mot un art de transition, l'art romano-arabe ou hispano-arabe, mélange de grec, de romain et de byzantin.

Affermi dans sa nouvelle conquête, l'Islam la pénètre et l'embellit. C'est alors une floraison originale d'œuvres délicates, fines décorations de stuc colorié, carreaux émaillés à la persane, élégantes inscriptions coufiques et gracieuses arabesques; œuvres d'une complication inouïe et d'un goût achevé.

Dans l'art français, la décadence s'accuse en architecture après le style rayonnant; car le style flamboyant du xve siècle perd toute mesure, toute sagesse, jette un défi à la pesanteur; cet effort excessif le tue et aboutit à la voûte inquiétante de Beauvais. Rien de semblable dans l'histoire de l'art hispano-mauresque. Cela tient à ce qu'il n'est qu'un art décoratif, ou à peu près; les proportions architecturales de ses palais de contes de fées sont toujours modestes; l'extérieur de ses tours rondes ou quadrangulaires, de ses murailles crénelées, n'a vraiment rien de puissant. Le soleil en dore les briques jusqu'à donner aux édifices une teinte chaude et vermeille, une « teinte de pain grillé », suivant le mot de Théophile Gautier, d'un aspect séduisant et très original. Pour rencontrer l'effort de l'artiste, il faut pénétrer dans ces tours; là, malgré la complication de ses dessins et de ses conceptions décoratives, il sait se maintenir dans le bon goût et dans le gracieux.

Les derniers monuments construits par les Arabes en Espagne, alcazars, mosquée de Cordoue, surtout l'Alhambra de Grenade sont exquis; à la vérité, ils n'ont rien de grandiose. J'ajoute même que je ne puis évoquer leur charme sans l'attribuer, pour une large part, à la beauté du ciel andalou, à la délicieuse fraîcheur des arbres et des sources, au parfum des admirables fleurs.

Cantonnée, bloquée par les Arabes dans le nord de la presqu'île, l'Espagne chrétienne y fait surgir des monuments fortement inspirés du style romain et du byzantin, mais dans lesquels l'influence française, normande surtout, se fait sentir; au XIIIe siècle, l'art ogival « à lancette » qui fleurit en France, franchit les Pyrénées et s'implante le long de leur versant méridional.

La sculpture fait son apparition dans les mêmes provinces; guidés par les Bourguignons et les Flamands, leurs élèves espagnols, imagiers ou tailleurs de pierre, n'ont aucune originalité.

La peinture débute à peine ; elle se borne à copier les maîtres français et italiens.

*
* *

Aragon et Castille descendent maintenant vers le Sud, en conquérants. En dépit des haines de race et de religion, les chrétiens sont frappés de l'élégance de l'art arabe ; ils la respectent en partie, ils l'utilisent pour aider aux conceptions qu'ils apportent eux-mêmes.

Souvent, cependant, ils n'en savent pas respecter le cachet et la grâce. Ils bâtissent au milieu de la mosquée de Cordoue une cathédrale catholique, en obstruent la perspective par cette « verrue architecturale », suivant l'expression de Th. Gautier ; ils plantent le lourd palais de Charles-Quint au milieu de l'Alhambra.

Leur goût se tinte fortement de celui du XVIe siècle italien et français ; ce mélange de roman, de gothique, d'arabe et de renaissance fleurit jusqu'au commencement du XVIIe siècle sous le nom de « style mudejar ». Plusieurs des constructions de ces époques sont des œuvres gigantesques ; le chapitre de Séville, lorsqu'il voulut construire la cathédrale, résuma ainsi son projet : « Élevons un monument qui fasse croire à la postérité que nous étions fous ».

Les sculpteurs paraissent en foule. Il est bien peu d'églises espagnoles qui ne possèdent quelque beau ou curieux travail du XVIe siècle, sur bois, pierre ou albâtre.

Enfin, l'art des peintres étrangers est quelquefois brillamment imité.

*
* *

Peu à peu, le style mudejar se complique, se fait trop fleuri, trop chargé ; les combinaisons qu'il imagine sont très riches, mais sans grâce. C'est le style « plateresco », ainsi nommé, parce que les orfèvres (plateros) le pratiquent beaucoup pour leurs objets d'église.

La sculpture, tombée dans le même mauvais goût, est sauvée au début du XVIIe siècle par le génie de Montañes ; vrai naturaliste, il remet à la mode la sincérité et fonde une école purement espagnole dont Alonso Cano, peintre et sculpteur, est le plus glorieux élève.

En même temps, les peintres se dégagent des liens qui les retenaient dans l'imitation; un art original s'élabore avec Francisco Ribalta et José Ribera, tous deux Valenciens; avec Pedro de las Cuevas, à Madrid; à Séville surtout, avec Herrera le Vieux, qui accentue l'évolution puissante vers le réalisme.

Cette glorieuse école de Séville voit naître Velásquez, Zurbaran, Alonso Cano, enfin Esteban Murillo; génies bien espagnols, franchement différents des grands italiens. Pour eux, et c'est le caractère saisissant de leurs œuvres, l'homme est l'homme; ils ne cherchent pas à le transfigurer. Murillo, qu'on ne peut connaître qu'en Espagne, est un merveilleux artiste; il est impossible de rendre la nature avec plus d'exactitude qu'il l'a fait et d'exprimer la réalité avec plus d'énergie. « Jamais, dit Gautier, la magie de la peinture n'a été poussée plus loin. »

Mais, après le passage de ces grands maîtres, la décadence de leur art durera jusqu'à la fin du XVIIIe siècle.

**

Depuis les exagérations du style plateresque, l'architecture était loin d'avoir prospéré. Philippe II avait imposé son goût triste pour les masses froides et nues; il avait construit le glacial et gigantesque Escorial, « cette histoire écrite en pierres de la monarchie autrichienne » (Donoso Cortés). Après cette étreinte, les artistes ne trouvent plus de souffle; ils imitent le grec et le romain en l'alourdissant; leur ornementation, leur décoration deviennent d'incohérentes fantaisies; c'est le genre « churrigueresque », le triomphe du mauvais goût.

Parallèlement, ce pauvre style a envahi la statuaire.

Il faut arriver aux premières années du XIXe siècle pour trouver le nom d'un grand peintre, Goya; celui-ci se jure de conserver intacts ses dons innés et sa façon de comprendre la nature et la vie. Il fait revivre les mœurs, les scènes populaires, les costumes, avec infiniment de verve et d'esprit. C'est à Madrid seulement, au magnifique musée du Prado, qu'on peut juger le talent de Goya.

Fils aussi du XIXe siècle, le sculpteur José Alvarez ramène à l'étude de l'antique et à la sincérité des formes le goût égaré de ses contemporains. A l'heure actuelle, la sculpture espagnole compte beaucoup d'artistes de mérite, résolument réalistes.

Quant aux peintres, ils ont presque tous fréquenté les ateliers de Delaroche, de Gérôme, de Meissonnier; ils excellent à rechercher la couleur et le pittoresque.

Les monuments enfin, arcs, palais, fontaines, souvent d'une belle ordonnance et dérivant de l'antique, ne constituent pas un style.

Il y a tout au moins un élément qui n'a pas entièrement disparu depuis José Churriguera; c'est le mauvais goût. J'ai vu à Barcelone une vaste église en construction, la « Sagrada Familia »; c'est un monument très important; je ne sais si Barcelone l'achèvera jamais. Mais ce que l'on en peut voir, après douze années de travail, permet de dire qu'il est impossible de rencontrer une plus complète banalité de grandes lignes jointe à autant de complication et de vulgarité dans le détail.

Vue générale de l'histoire de la littérature espagnole, des origines à 1800.

En arrivant en Espagne, j'ignorais presque tout de sa littérature. Quelques pages du « Don Quijote », quelques-unes de Fernan Caballero et de Cárlos Frontaura, c'était tout ce que j'avais traduit. J'ai été surpris du nombre des écrivains espagnols, de leur fécondité, de la variété des genres auxquels ils ont touché et du grand talent de quelques-uns.

Très curieux de voir clair dans cette histoire touffue, car, dit Sismondi, « la fertilité des écrivains espagnols est effrayante », j'ai étudié la langue en même temps que son histoire; j'ai suivi les cours de l'Université de Valence et utilisé les ressources de sa bibliothèque; les ouvrages de Hubbard (1875), de Sanchez de Castro (1880), de Blanco Garcia (1890) et l' « Historia general de España » de Modesto Lafuente, m'ont fourni le plan de mes lectures que j'ai dû borner à des œuvres postérieures au XVe siècle.

La Péninsule entière, sous la domination romaine, parla latin; non pas, bien entendu, que le peuple s'exprimât purement, mais son langage était un latin vulgaire mêlé de mots indigènes, grecs et phéniciens. Modifiée par les Goths, les Arabes, les Provençaux, cette langue populaire est l'aïeule du castillan.

Il ne faut pas croire, d'après Sanchez, que le caractère pompeux et fleuri du castillan ait été uniquement dû à l'influence arabe ; la littérature hispano-latine le porte déjà ; la même tendance à la déclamation, à l'amplification, à l'enthousiasme, se trouve, dit-il, dans Sénèque et dans Lucain.

Dans les Asturies, le Leon, la Navarre, pendant les longs siècles d'occupation arabe, la langue vulgaire que parlent les vaincus se perfectionne ; elle est presque définitivement formée aux XIe et XIIe siècles. Sa « Chanson de Roland » est le recueil des « Romanceros del Cid Campeador » pour lequel, dit Hubbard, « il n'y a pas eu d'Homère, tous ses vers étant partis du cœur ou de la fantaisie d'un peuple ».

Alphonse X le Sage, ou le Savant, eut la plus heureuse influence sur son temps ; il mit ses sujets en contact avec leurs voisins, développa chez eux le goût de l'histoire, fit commencer la « Chronique générale de l'Espagne », importa des œuvres étrangères et attira dans sa capitale, Tolède, des savants en renom.

Au XIVe siècle, l'influence des troubadours provençaux, des Jeux floraux de Toulouse, se fait sentir, excite les imaginations, réunit des cours d'amour et crée en Castille un genre maniéré et sans éclat ; de de tous ces poèmes, extrêmement nombreux, il reste un recueil, le « Cancionero general de Baena ».

Sous le règne de Jean II, en plein XVe siècle, les grands seigneurs sont des lettrés ; le marquis de Santillane et Enrique de Villena sont deux poètes qui subissent, comme l'Europe entière, les premières influences de la Renaissance.

Hubbard est d'avis que les littératures étrangères ont à ce moment troublé l'essor de la langue castillane. Sanchez en regrette aussi très vivement les effets ; cependant, il en prend son parti et convient que le XVIe siècle qui s'approche va être le « siècle d'or » de la littérature espagnole. Voici comment il s'exprime à ce sujet : « Avec l'avènement de la maison d'Autriche, commence le siècle d'or de notre langue. Dès les règnes antérieurs, les lettres fleurissent déjà merveilleusement et l'on s'adonne décidément aux études classiques. Maintenant, tout se renouvelle, en poésie et en histoire ; à l'époque des Rois Catholiques (Ferdinand d'Aragon et Isabelle de Castille), avec l'imprimerie, la découverte du Nouveau-Monde, au milieu des guerres de Naples et de Grenade, les écrivains reçoivent un souffle nouveau et tout fait pressentir une ère qui commence. »

Il est certain que l'agitation des esprits à cette époque, les moyens nouveaux de se faire lire, les terreurs et les élans religieux, les guerres continuelles, les carrières étonnantes des Cortez et des Pizarre, le goût des aventures, devaient stimuler fortement les écrivains. Presque tous furent ou des mystiques : sainte Thérèse, saint Ignace, saint Jean de la Croix, Fray Luis de Leon, Fray Luis de Grenade ; ou des soldats : Ercilla, qui franchit l'Océan avec les « Conquistadores » et, au milieu des combats, compose l' « Araucana » ; Garcilazo de la Vega, soldat de Charles-Quint, qui écrit ses églogues pendant les loisirs de la guerre et qui mourra dans un assaut.

C'est aussi à cette puissante secousse des esprits que l'Espagne doit l'un des plus grands génies littéraires qui aient paru, Don Miguel Cervantes Saavedra. Lui aussi était un soldat ; il avait perdu un bras à Lépante, porté les fers à Alger, connu le dénûment et toute la misère de son temps. C'est l'âme mûrie par les revers qu'il composa le « Don Quijote ».

« Quant au fond, dit Hubbard, jamais peut-être il n'a été fait de livre plus réel, plus vrai dans toute la valeur du mot. On voit encore aujourd'hui, en Espagne, des gentilshommes, des laboureurs, des hôteliers, des servantes d'auberge, identiques aux portraits que nous a retracés Cervantes ; il n'était pas seulement l'homme de son époque, mais encore celui de son pays. Croyez-vous qu'en se moquant des aventures il ait eu seulement en vue le blâme des livres de chevalerie ? Ah ! qu'il va plus avant dans le cœur de ses contemporains, et que ce serait mal le comprendre et mal comprendre la portée de son œuvre ! Qu'est-ce donc que l'Espagne du XVIᵉ siècle, sinon ce Sancho Pança dont l'imagination est toujours excitée par l'espoir de posséder une fortune rapidement acquise, et qui est sans cesse ramené à la terre par les besoins de la vie de chaque jour ?..... et n'est-ce pas aussi le peuple espagnol..... ce preux Don Quichotte, qui aime tant la justice et lutte en toute circonstance comme un aveugle fanatique ? »

Le « Don Quijote » est une œuvre profondément espagnole et profondément humaine, qui ne peut vieillir ; si belle, qu'elle fera vivre à jamais sa patrie et sa langue dans l'admiration des autres peuples, quelles que puissent être leurs destinées dans l'Histoire; œuvre digne de l'épigraphe profonde choisie par Cervantes : « Post tenebras spero lucem ». Elle fait revivre l'ancienne Espagne et peint encore merveilleusement celle d'aujourd'hui, sa vie étroite, nonchalante, mesquine, au milieu de vagues aspirations vers l'âge d'or; son manque d'initiative et ses élans.... don Quichotte et Sancho Pança.

Si connu, si admiré est, en Espagne, le livre du soldat de Lépante que, dans un meeting au théâtre lyrique de Madrid, au mois de décembre 1903, le vieux chef des républicains espagnols, don Nicolas Salmeron, provoquait un indescriptible enthousiasme en y découvrant la formule de toute sa propre pensée politique; il terminait ainsi son discours au milieu d'un tonnerre d'applaudissements : « Si un jour le devoir se présente impérieusement à nous de frapper l'une des institutions actuelles, nous voudrons avoir, de l'avis de tous, le droit et la justice pour nous.....; ainsi l'énergie matérielle et l'énergie morale seront unies en nous comme le furent, dans la pensée de Cervantes, l'hidalgo chercheur d'aventures, champion de l'idéal, et le positiviste Sancho, défenseur des intérêts pratiques. »

Après avoir jeté ce regard rapide sur les quinze premiers siècles, nous pouvons nous arrêter un moment et considérer ce qu'est devenue la langue elle-même. Formée, fixée presque depuis deux siècles, elle a maintenant acquis toutes ses qualités : sa richesse, sa mélodie, sa sonorité; remarquable par la proportion de ses voyelles, la netteté de ses sons, la variété et l'élégance de son accent, la majesté et l'énergie de ses constructions, elle est déjà, malgré son timbre un peu sauvage, l'une des plus belles de l'univers.

Comme dans toutes les littératures, les origines du théâtre espagnol consistent surtout en pièces religieuses, les « Autos sacramentales », très analogues à nos Mystères. Ces « Autos », ceux de Lope de Rueda, de Juan de la Encina, avec les « Églogues » du second de ces écrivains, ont été les modèles des premiers drames profanes. Dès l'apparition de ceux-ci, deux confréries se formèrent pour en assurer les représentations ; outre qu'elles subvenaient aux dépenses de la scène, elles étaient des sociétés de secours pour les auteurs et les acteurs.

Nous savons quelle fut la fortune extraordinaire de l'Espagne sous les premiers souverains autrichiens. Dans l'état d'esprit créé par les circonstances, peu importait au spectateur que les caractères fussent ou non vraisemblables, les situations possibles ; il fallait de l'action avant tout, au mépris de l'étude et, comme on dirait de nos jours, de la « thèse ». Sorti du peuple lui-même, sans aucune imitation étrangère, le drame espagnol peignit la société telle qu'elle était et non telle qu'elle aurait dû être.

C'est à Valence que furent représentées les premières pièces dignes de ce nom ; sous le nom de « Milagros, Miracles », on y joue encore aujourd'hui, en plein air, des drames populaires du XVIe siècle, écrits en valencien. De Valence, sortit Guillen de Castro, auteur de la *Jeunesse du Cid* ; à Valence aussi, débute Lope de Vega.

Le succès de cet écrivain si fécond, qu'on a compté dans son œuvre 1800 pièces et 21 millions de vers, fut immense. On le surnomma « El Fenix de los Ingenios, le Phénix des Esprits ». Cependant, à cause de la déplorable négligence de leur improvisation, ses ouvrages ne sont plus guère représentés.

Il n'en est pas de même de ceux de Calderon de las Barcas, mort en 1680 et héritier, vers 1630, de la gloire de Lope. Beaucoup plus châtié, plus puissant et plus original que le « Phénix des Esprits », sombre dans ses grands drames : « la Dévotion à la Croix, le Médecin de son honneur » ; majestueux dans ses « Autos sacramentales » ; gracieux dans ses descriptions de la nature ; extrêmement habile à nouer et à dénouer les intrigues de ses longues pièces ; le soldat, devenu chapelain de Charles IV, restera l'un des plus grands poètes lyriques et dramatiques qui aient paru.

Juan Ruiz de Alarcon, dont le temps semble accroître la renommée, donne une vraie comédie de mœurs, « la Verdad sospechosa », qui suggère à Corneille l'idée du « Menteur ».

Avec Tirso de Molina, dont on représente encore « le Don Juan » qui inspira Molière et Byron ; avec Moreto, avec Rojas enfin, le théâtre espagnol est à son apogée à la fin du XVIIe siècle.

***

Au XVIe siècle déjà, la décadence de l'Espagne commençait; les
règnes de Charles-Quint et de Philippe II, les guerres malheu-
reuses, les armements formidables avaient créé une misère profonde du peuple: l'or des conquêtes ne l'avait pas enrichi et lui
avait fait perdre le goût du travail.

Dans la société espagnole apparaît alors un monde nouveau
d'aventuriers, d'intrigants, de parasites, capables seulement de
gagner leur vie par leur finesse et leurs mauvais tours; c'est le
monde des « pícaros », des gredins, des coquins; c'est celui que
peint le genre « picaresque ». Le « Lazarillo de Tormès » de l'historien des guerres de Grenade, Hurtado de Mendoza; quelques nouvelles de Cervantes, le « Diable boîteux » de Guevara, surtout les
œuvres satiriques de Quevedo, appartiennent à cette littérature.

Francisco Quevedo est une des figures les plus curieuses des lettres
espagnoles. Sa vie fut des plus agitées; il passa des années dans
d'horribles cachots; il cultiva tous les genres littéraires et fut avant
tout un ironiste du plus grand talent. Son style est fait de vivacité,
d'aisance, d'innombrables saillies, de jeux de mots très fins. « S'il
l'eût voulu, dit Sanchez de Castro, Quevedo eût été l'égal de
Cervantes ».

Mais le chef-d'œuvre du genre picaresque reste, de l'avis de tous,
le « Gil Blas » qu'écrivit notre Lesage, sans avoir jamais franchi les
Pyrénées.

***

Le XVIIIe siècle espagnol imite dans tous les genres la littérature
française. Cette tendance eut l'avantage de détourner les écrivains
du « gongorisme », c'est-à-dire d'un style affecté, ampoulé, méta-
phorique et prétentieux, que le poète Góngora avait mis à la mode
et qui ressemblait fort à celui de nos « précieuses ». Don Leandro
Fernández de Moratin réussit avec des personnages très humbles, de
faciles arguments, un langage naturel, à amuser et à émouvoir.

Moratin a écrit quelques pièces charmantes, souvent imitées de
Molière; plusieurs se jouent encore et se joueront longtemps : « Le
Oui des jeunes filles », le « Café », etc...

Un autre écrivain a immortalisé son nom avec « los Eruditos à la violeta, les érudits à l'eau de rose ». C'est don José Cadalso, mort en 1782 d'une blessure reçue devant Gibraltar. Son livre est un poème satirique ; devant l'auditoire de « ceux qui veulent savoir sans rien apprendre », l'érudit « à la violeta » se présente comme professeur ; en sept leçons, une par jour, il donne la science universelle. Voici un passage de sa leçon du dimanche :

« Les langues vivantes forment aujourd'hui une part importante de l'érudition..... Je vous demande en grâce de ne pas prendre au sérieux cette étude..... Il suffit de savoir, du français, à peine ce qu'il faut, pour comprendre quelques ouvrages qui sont tout sucre et tout miel..... de l'italien, de quoi traduire à peu près les ariettes que chantent les dames. Dites de l'anglais que c'est la langue des oiseaux, qu'elle a peu de règles et que, d'ordinaire, le signe du génitif, de l'ablatif et du datif se met à la fin de la phrase ; que, dans la poésie, les Anglais coupent les mots par la moitié, comme le maçon casse une brique pour la faire entrer dans un mur. De l'allemand, dites que c'est un langage dur, mais si antique !.....

« Enfin, si vous dites de l'espagnol que tous les mots qui commencent par *al* viennent de l'arabe, vous passerez pour un interprète universel et vous aurez toutes les voix pour devenir archiviste de la tour de Babel. »

Avec ceux de Moratin et de Cadalso, les noms de Feijoo, le « Bayle de l'Espagne » du P. Isla, de Jovellanos qui vulgarisa notre Encyclopédie, sont à peu près les seuls qui marquent au XVIIIe siècle. Sous la tyrannie du « Prince de la Paix », on ne créait rien, on n'osait pas être soi-même.

Le poète D. Ramon de la Cruz peignit cependant avec vérité les mœurs de son temps et la société des « picaros », les types pittoresques de « majos » et de « manolas ».

Depuis le moment où la langue a été fixée, jusqu'à l'aube du XIXe siècle, nous avons vu les alternatives dans les destinées des lettres coïncider d'une manière frappante avec les époques de prospérité ou de décadence politique. Charles de Mazade résume très bien l'histoire littéraire de ces quatre siècles : « L'âge qui a gardé le beau nom d'âge d'or répond à ce temps où, chaude encore d'une lutte de sept siècles, l'Espagne se répandait dans le monde entier et tentait de lui imposer une domination gigantesque. Tout alors, dans ce vaste empire, était monté au ton de la grandeur..... L'exaltation de la foi, l'amour du merveilleux, la fougue spiritualiste devaient être des aliments naturels pour l'imagination. Mais, quand cette sève généreuse fut tarie..... la poésie, à qui l'Inquisition avait interdit ces rajeunissements salutaires produits par le mouvement de la pensée philosophique, n'ayant plus rien à exprimer, se réfugia dans de futiles jeux de parole, dans l'affectation.... sous Charles II, il n'existe plus un seul écrivain qui mérite d'être cité. L'élément littéraire a disparu avec la vitalité politique. »

La littérature espagnole au XIXᵉ siècle.

I. — LE XIXᵉ SIÈCLE ESPAGNOL.

Nous savons que les idées françaises de la fin du XVIIIᵉ siècle avaient, grâce à Jovellanos et à quelques autres vulgarisateurs, franchi les Pyrénées sous le règne de Charles III.

Il fallut bien en outre, lors de l'invasion de 1808, que le classicisme disparût, fit place à une littérature plus virile, plus énergique, capable de véhiculer les idées modernes dans l'Espagne anémique.

L'invasion dure de 1808 à 1814 ; de 1814 à 1820, Ferdinand VII reconstitue son pouvoir absolu. Révolution en 1820 ; absolutisme de 1823 à 1830 ; révolution de 1830 à 1833. Tel est le cadre dans lequel l'esprit espagnol va évoluer pour sortir de sa léthargie, s'ouvrir à la vie moderne, retrouver une originalité.

Longtemps encore après 1833, l'Espagne sera dévorée par la guerre civile et s'usera au choc des partis. Mais la mort de Ferdinand, plus utile à son peuple que ne l'avait été sa vie, marque une date très importante. Pendant ces trente premières années du siècle, en effet, le libéralisme prend conscience, le romantisme espagnol se fonde, une révolution littéraire s'accomplit.

Les écrivains des toutes premières années, Quintana, Gallego, ne formèrent pas sans doute, dès le début, une école puissante s'élevant au-dessus des conditions moyennes de l'art ; mais ils réalisèrent le seul progrès possible alors, sous l'influence des sentiments et des émotions patriotiques.

Quintana, dont l'influence a été considérable, fut vraiment le poète de l' « Indépendance »; Gallego eut le même idéal. Déjà commençait à se faire connaître le jeune Angel Saavedra qui, sous le nom de duc de Rivas, devait rénover la poésie lyrique.

La restauration de l'absolutisme ramène la nuit obscure ; les écrivains doivent se taire, la plupart sont exilés.

Le première révolution (1820) fournit à la presse l'occasion de reprendre un peu de vie ; elle prêche surtout la réforme des Universités. Ce repos relatif permet à l'un des hommes les plus cultivés de cette époque, Albert Lista, de créer son collège San Mateo où se formeront plusieurs écrivains: Espronceda, Ventura de la Vega, Agustín Durán...., etc.

Mais, en 1823, le duc d'Angoulème et nos troupes viennent rétablir l'absolutisme de Ferdinand ; il faut se taire de nouveau ou émigrer ; la censure redevient terrible; les traductions de notre XVIIe siècle sont seules autorisées sur la scène. A peine Breton de los Herreros, Zarate, peuvent-ils percer timidement; les écrivains de race souffrent de la désattention générale du public. « Écrire comme nous le faisons à Madrid, dit Larra, c'est prononcer un monologue désespérant. Ici, qui est avec nous, qui nous écoute? »

Le collège San Mateo est fermé à cause de sa teinte politique. En secret, les disciples de Lista organisent une sorte d'académie sous le nom de « El Mirto »; elle est dissoute. Il en est de même de la « Numantine ». Vega, Espronceda s'enfuient en Angleterre ou en France.

De 1830 à 1833, nouvelle accalmie relative. Les poésies lyriques, pièces humoristiques, satires, contes historiques se répandent; l'apparition de notre école romantique soulève d'ardentes discussions. L'amnistie générale, la naissance d'Isabelle, la mort de Ferdinand VII enfin, achèvent l'éclosion du romantisme espagnol.

Une guerre civile commence, provoquée par don Cárlos, frère de Ferdinand, elle durera sept ans et remplira la régence de Christine. De 1840 à 1843, Espartero sera dictateur; enfin, la majorité d'Isabelle sera proclamée.

Pendant toute cette période, le pays se transforme profondément dans ses mœurs, ses aspirations; l'enthousiasme littéraire se répand de Madrid dans les provinces; Hugo, Lamartine, Walter Scott sont étudiés avec fièvre. Le « Café del Principe », à Madrid, devient le centre de réunion du « Parnasillo », d'où sortira, en 1835 et 1837, la création de l' « Ateneo » et du « Liceo ».

Point d'homme en Espagne qui, ainsi que Hugo chez nous, ait évolué avec le XIXe siècle; point d'écrivain dont la vie s'y encadre et dont les œuvres le synthétisent; l'ensemble des littérateurs exprime bien les tendances de la nation, aucun d'eux ne les résume.

Le duc de Rivas est dans toute sa gloire.

D'autres grands seigneurs, le duc de Frias, le comte de Toreno sont des écrivains de mérite.

C'est aussi l'époque de Martínez de la Rosa, esprit élégant, soucieux de la forme, fin sans profondeur, orateur plein de charme; c'est celle des orateurs parlementaires Cortina, Olozaga, Joaquín López : le premier, clair et précis; le second, plein d'enthousiasme; le dernier, fougueux et imaginatif.

C'est enfin celle de Gil y Zárate, qui peint dans un drame très vivant la cour espagnole de la fin du XVIIe siècle et, sous Isabelle, contribue puissamment à la réforme des Universités; de Hartzenbusch, dont la meilleure production, la comédie en prose et en vers, les « Amants de Teruel », figure encore quelquefois à l'affiche, et qui se consacra surtout aux romans et drames de cape et d'épée; de Breton de los Herreros, poète comique et satirique; de Garcia Guttiérez, plus romantique encore que les précédents; il composa le beau drame « El Trovador », qui devait servir de thème à Verdi.

C'est l'époque, enfin, où s'épanouissent les talents de premier ordre d'Espronceda et de Larra.

A mesure que les événements politiques se succèdent, l'Espagne entrevoit de nouveaux horizons; elle semble vouloir s'éveiller vraiment à la vie moderne. Mais un homme manque pour la diriger.

Par « españolisme », les progressistes méprisent le passé, les gloires nationales; ils ne voient que par nos encyclopédistes. Les néo-catholiques les combattent, vont avec ardeur au doctrinarisme de Cousin et de Guizot, surtout au traditionalisme de de

Maistre. Tous les partis comptent d'ardents patriotes qui chantent la gloire à venir ou passée de l'Espagne et se consolent par l'espérance de sa puissance tombée et de ses malheurs. Les uns, avec Quintana, dans l'*Ode à l'Imprimerie,* accusent le catholicisme des maux de leur pays et flétrissent la papauté, « ce monstre qui, du haut du Capitole, dévore impunément le monde »; les autres, comme Bálmes, Donoso Cortés mettent au contraire leur confiance dans la religion pour la régénération de la Péninsule.

L'histoire du règne d'Isabelle est celle des ambitions et des luttes de quelques généraux; les ministères se succèdent, tombent les uns sur les autres, non seulement dans le choc des partis, mais aussi par le fait des intrigues de cour et de l'influence de la « camerilla », entourage immédiat de la reine. Suppression de journaux, arrestations, déportations, exécutions, tels sont les moyens ordinaires de gouvernement.

Que dire du passage sur le trône du fils de Victor-Emmanuel? Amédée d'Aoste fut isolé entre les ultramontains et les progressistes, impuissant entre les deux partis; son règne fut comme s'il n'avait pas été.

Quand il eut abdiqué, le 11 février 1873, après avoir déclaré les Espagnols « ingouvernables », la république de Pi y Margall, de Castelar, de Ruiz Zorrilla, de Salmeron, se trouva en présence de difficultés inouïes : insurrection cantonaliste, guerre carliste, que la dictature même de Serrano fut impuissante à réprimer.

Certes, depuis Alphonse XII, fils aîné d'Isabelle, le calme s'est un peu rétabli; la « Restauration » de 1874 a en partie rompu avec le passé et a sincèrement voulu baser la paix sociale sur l'acceptation, par le plus grand nombre, d'une monarchie constitutionnelle à tendances libérales. Les cabinets, présidés tour à tour par Sagasta et par Cánovas del Castillo, marquent l'oscillation entre le progrès et le recul; chaque jour apporte une création démocratique; le suffrage universel est voté en 1890.

Mais, si les *pronunciamientos* se sont faits moins fréquents, l'agitation des esprits n'a guère diminué.

Le peuple est encore en partie carliste; il devient de plus en plus républicain. Aux Cortés, il existe trois partis principaux, dont chacun est loin d'ailleurs d'être homogène : le conservateur, dont

M. Silvela est l'ancien chef, Dato, Villaverde, Maura, les principales figures ; le libéral (démocrate monarchique), avec Montero Ríos, Moret, Canalejas, Vega y Armijo, Romanones ; le républicain dont Nicolas Salmeron est la tête ; Azcárate, Melquiades Alvarez, les membres les plus en vue.

Il semble qu'à cause des profondes et récentes divisions du parti libéral en partisans de M. Moret et partisans de M. Montero Rios, le choix du roi pour la présidence du Conseil ne puisse guère s'exercer, pour le moment, que dans le parti conservateur. Or, des deux groupes monarchiques, le plus à droite n'est pas le plus populaire. Les républicains ont peut-être beaucoup à attendre de cette situation, même si elle n'est que passagère.

L'ignorance générale du peuple espagnol est un gigantesque obstacle à ses progrès rapides ; de profondes ténèbres l'oppriment encore ; il a conscience de sa situation inférieure dans le monde, pleure sur ses revers et voudrait soulever le poids qui l'étouffe.

Un grand découragement pèse sur les esprits éclairés de ce pays chaque fois qu'ils contemplent la route à faire.

« Espérons, dit M. Silvela dans un discours prononcé le 30 décembre 1903 à l'Académie royale, espérons que, pendant le siècle qui commence, le pays retrouvera ses forces ; espérons qu'il restaurera son système nerveux déprimé... et qu'un homme se rencontrera... capable de faire progresser des œuvres durables... qui ramènera la patrie à la tâche abandonnée de gouverner son propre destin. »

Le 12 décembre de la même année, don Melquiades Alvárez prononçait, au congrès, les paroles suivantes : « Notre minorité républicaine veut la disparition de la vieille Espagne ; elle veut une patrie nouvelle, dont l'auréole soit la science et le travail... Nous sommes, cela est triste à dire, un peuple qui se ressent trop de l'influence des Berbères qui nous ont dominés... Non seulement notre jeunesse n'est pas cultivée, mais elle manque d'idéal... Il nous faudrait des maîtres étrangers... Il faudrait que nos jeunes gens allassent à l'étranger.....

« Que demander à un pays de dix-sept millions d'habitants, qui en compte douze d'illettrés ? »

La marche des événements, la vulgarisation des sciences,

l'exemple de l'étranger, le souvenir des désastres de 1898 font de l'époque actuelle une période de combats.

La plupart des écrivains contemporains détournent les yeux du passé et les fixent sur l'actualité et sur l'avenir ; les plus en vue sont des romanciers, des auteurs dramatiques, des publicistes. Idées politiques, sociales, religieuses, aspirations réformistes, critique générale : tel est le terrain qu'ils cultivent pour stimuler et pour guider l'opinion.

II. — LA POÉSIE.

Quintana, 1772-1857. — Don Manuel José Quintana est le premier poète dont j'ai cité le nom. Journaliste ardent pendant l'invasion, incarcéré comme libéral dans la forteresse de Pampelune, triomphant de nouveau à la révolution de 1820, puis exilé en Estramadure, enfin comblé d'honneurs sous Isabelle et couronné solennellement de son vivant au palais du Sénat, Quintana subit toutes les vicissitudes de la vie politique de la première moitié du siècle.

Il fut surtout un poète imaginatif. Ses « Odes » contiennent ses plus belles œuvres ; ses lettres en prose à son ami lord Holland sont également restées célèbres.

Gallego, 1777-1853. — Le nom de Nicasio Gallego, ami de Quintana, comme celui de certains artistes qui ont concentré dans une seule œuvre tout le talent dont ils étaient doués, reste attaché à l'ode magnifique intitulée : « El dos de mayo, le 2 mai », dans laquelle s'expriment avec le plus grand bonheur toute l'indignation et toute la fierté du peuple espagnol en face de l'invasion française de 1808.

Le duc de Rivas, 1791-1865. — Après la bataille d'Ocaña qui consacrait l'un de nos sanglants et tristes succès, un jeune officier, Angel Saavedra, fut relevé parmi les mourants. Sauvé comme par miracle, il devait être à la fois, sous le nom de Duque de Rivas, le rénovateur et l'un des plus glorieux représentants de la poésie lyrique espagnole.

Intime ami de Gallego, de Quintana, de Martínez de la Rosa, il dirigea d'abord à la « Junta nacional » de Cádiz, le journal militaire du gouvernement provisoire. Élu aux Cortés, condamné à mort, contraint d'émigrer, il vécut en France et en Angleterre pendant dix ans, de son talent de peintre. La mort de Ferdinand VII le ramena dans sa patrie et le replaça dans la situation sociale où il était né.

Il revenait familiarisé avec Shakespeare, Byron, Hugo, Lamartine ; l'exil avait transformé et décuplé son talent. A ses premières œuvres, imbues de l'esprit classique, succéda en 1834 « el Moro expósito, le Bâtard more » ; c'est à la fois un roman et un poème où revit l'Espagne troublée du moyen âge avec ses farouches passions ; où la forme et le fond constituent une nouveauté véritable et rappellent l'époque à laquelle le gongorisme et le classicisme mythologique n'avaient pas encore corrompu ou figé le goût des artistes dans la fadeur du XVIIIe siècle.

Au théâtre, « Don Alvaro ou la Force du Destin » réalisa l'année suivante un progrès plus considérable encore ; car la censure des premières années du siècle avait surtout pesé sur le théâtre et le drame du siècle précédent n'avait pas, comme la comédie, possédé un Moratin.

Le public jugea que toute une révolution venait de s'accomplir avec « Don Alvaro » qu'un peu de liberté mettait au jour et qui ne redoutait pas les audaces des littératures étrangères.

D'autres œuvres du duc de Rivas sont restées très connues ; surtout ses « Romances históricos » qui, sous une forme dramatique et facile, chère à l'imagination populaire, traitent de sujets nationaux empruntés à diverses périodes de l'histoire.

Je cite le sonnet suivant, « le Peuplier arraché », pour sa forme décidément romantique, ses images vigoureuses, le choix de ses mots, leur harmonie imitative, l'allure vraiment pompeuse du tableau :

> Gallardo alzaba la pomposa frente
> Yedras y antiguas parras tremolando
> El álamo de Alcides, despreciando
> La parda nube, y trueno y rayo ardiente.
>
> Cuando de la alta sierra de repente
> Desprendido huracan bajó silbando,
> Que el ancho tronco por el pié tronchando
> Lo arrebató en su rápida corriente.

> Ejemplo sea del mortal, que vano
> Se alza orgulloso hasta tocar la luna
> Y se juzga seguro en su altiveza ;
>
> Cuando esté más soberbio y más ufano,
> Vendrá un contrario soplo de fortuna
> Y adios oro, poder, favor, grandeza.

« Le peuplier d'Hercule dressait son front orgueilleux, se balançait couvert de lierre, soutenant un réseau de treilles antiques, méprisant les nuages lourds d'orage, le bruit du tonnerre et le feu de l'éclair.

« Lorsque soudain, de la haute montagne, l'ouragan descend, siffle, arrache le tronc robuste et, dans la folie de sa course, l'emporte.

« Ainsi la vanité de l'homme l'élève jusqu'à toucher le ciel ; il se croit en sûreté dans son orgueil ;

« Qu'il se fasse plus superbe et plus fier encore, un souffle contraire de la fortune va passer sur lui : adieu richesses, pouvoir, faveur, grandeurs. »

Le poème du « Moro expósito » était précédé d'une critique en forme d'introduction, sorte de « préface de Cromwell » du romantisme espagnol. Il appartenait donc au duc de Rivas de présenter au public la profession de foi de la nouvelle école dont il était, comme je l'ai dit, le premier champion. Il n'en fut pas le plus grand nom.

Espronceda, 1810-1842. — Don José Espronceda est, en effet, un poète lyrique de génie que la littérature générale n'hésitera pas à comparer aux plus grands.

Élève de Lista au collège San Mateo, il est poursuivi à quatorze ans comme membre de la société secrète « los Numantinos », enfermé dans un couvent de Guadalajara où il compose son poème « Pélage ». Exilé, il arrive à Lisbonne, jette dans le Tage le seul douro qu'il possède « afin de ne pas entrer dans une si grande ville avec si peu d'argent », parcourt le Portugal, l'Angleterre, étudie Milton et Byron auquel il ressemble, gagne Paris où il se bat sur les barricades en 1830, rentre en Espagne après l'amnistie, se fait garde du corps ; quelques vers contre le gouvernement le font exiler de nouveau. Actif révolutionnaire à Madrid en 1835 et 1836, il est attaché à l'ambassade de la Haye, puis député au Congrès ; il meurt à Madrid, à trente-deux ans.

Ses œuvres reflètent toute sa vie et la fougue de son tempérament, sa passion pour la lutte et le danger, l'exaltation de ses désirs, ses amours, ses désenchantements, son patriotisme. Il a tracé son propre portrait dans « l'Etudiant de Salamanque ».

Larra, l'un des plus vifs satiriques de la Péninsule, compare les nombreux jeunes gens espagnols, qui, doués de talent, recevaient à cette époque, par le fait des révolutions et des exils, une éducation européenne, à de fins chevaux de race attelés à une lourde voiture : « ils s'élancent, le trait se rompt, ils laissent derrière eux le char pesant à peine ébranlé ». Tel fut Espronceda ; poète véritable, nature inculte, passionnée, cœur sceptique mais âme inassouvie que tentaient toutes les séductions, « Nave sin brújula », « navire sans boussole », a dit de lui l'historien Modesto Lafuente.

Le caractère d'Espronceda se livre dans ces deux vers que je recueille dans son poème le « Diable-Monde » :

> Oh ! cómo cansa el órden ! ¡ No hay locura
> Igual á la del lógico severo !...

« Oh ! combien l'ordre est chose odieuse ! Il n'y a pas de folie plus grande que celle du logique et du compassé !..... » .

Espronceda repousse toute règle, toute étude sérieuse, toute réflexion préparatoire, toute versification conventionnelle.....

> Sin regla ni compás canta mi lira ;
> Solo mi corazon ardiente me inspira.

Je ne pourrai jamais effacer de mon souvenir l'impression que j'éprouvai en entendant réciter, pour la première fois, la « Chanson du Pirate ». Nos « Orientales » n'ont rien de plus coloré ni d'un cachet plus original et plus sauvage. La belle langue castillane ajoute encore aux images l'éclat de son accent et la sonorité chaude de ses syllabes.....

> Que es mi barco mi tesoro,
> Que es mi Dios la libertad,
> Mi ley la fuerza y el viento,
> Mi única patria, la mar !

« Le bourreau, El Verdugo », « le Mendiant », « le Cosaque » comptent également parmi les très belles œuvres d'Espronceda.

La plus étendue de ses compositions est « El Diablo-Mundo, le Diable-Monde », poème sans plan bien arrêté, écrit avec une rapidité prodigieuse et publié par chants, à mesure de sa composition ; inachevé d'ailleurs. En voici le sujet assez étrangement conçu :

Un vieillard, Liborio, grâce à un sortilège de la fée Immortalité, rajeunit soudain et réapparaît dans la création à l'âge mûr, le cœur et le corps vierges, sous le nom d'Adam. Doué d'un corps impérissable, il voit la vie entière béante devant lui ; il pourra, sans jamais mourir, en traverser toutes les situations, en épuiser toutes les ivresses. Dans la trame indéfinie des années qui se succèdent sans terme, des angoisses qui meurtriront son esprit et son cœur, sans jamais altérer la vigueur de son corps, cette immortalité de sa chair ne deviendra-t-elle pas, à un moment, le pire des dons ? N'entretiendra-t-elle pas un immense ennui, un inguérissable dégoût ? L'âme, dépouillant son enveloppe, doit donc sans doute, à une certaine heure, avoir besoin de se retremper aux sources de la vie.

J'emprunte à de Mazade, en le résumant, cette analyse qu'il serait impossible de rendre plus claire. Quand aux vers, ils sont admirables de richesse, de variété ; énergique et tendre, passionné et spirituel, Espronceda soutient l'intérêt de ce sujet bizarre et s'exprime toujours avec le plus grand charme.

Ces vers sont peut-être les plus beaux de la langue espagnole.

José Zorrilla, 1817-1893. — En José Zorrilla se condensent les agitations et les rêves d'une partie des romantiques que les théories nouvelles, proclamées par le duc de Rivas, ont fait surgir.

Il se fait connaître à 20 ans par les beaux vers qu'il récite sur la tombe de Larra. Il est le poète de la vieille Espagne, de l'histoire palpitante et mélancolique qui se lit dans les vieilles chroniques et sur les murs en ruine des monuments. Trouvère égaré dans le XIXᵉ siècle, chantre du passé légendaire, Zorrilla a plus d'imagination que de sentiment, plus de sentiments que d'idées. Ses « Légendes » sont quelque chose comme un nouveau « romancero », une moderne chanson de geste. Poète d'une belle inspiration, brillant styliste, il ne fut à la vérité rien de plus. Son œuvre est éclatante mais sans profondeur et il n'y a pas de poète lyrique espagnol plus populaire que lui. Son ambition se bornait à « chanter les gloires oubliées et à recevoir en récompense un sourire de la douce Espagne ».....

No aspiro á más laurel ni á mas hazaña
Que á una sonrisa de mi dulce España.

Comme Quintana, Zorrilla fut couronné de son vivant. Ses œuvres principales sont les « Cantos del Trovador »; un poème épique intitulé « Granada », qui chante les luttes des musulmans et des chrétiens; plusieurs drames, parmi lesquels le plus connu est « don Juan Tenorio », œuvre religieuse et fantastique.

Zorrilla, malgré sa renommée immense, ne fut pas le poète d'une société naissante, mais le brillant reflet de celle qui achevait de mourir et dont sa belle poésie idéalisait les regrets et les souvenirs.

Ventura de la Vega, 1807-1865. — Elève de Lista, ami d'Espronceda, celui-ci ne tint pas ce qu'il semblait promettre à 20 ans; devenu, par ses relations, poète de la cour et du monde, il se contenta de montrer un esprit délicat et un style très soigné. Il transforma et s'appropria plusieurs pièces de notre théâtre, avec un grand talent; la seule comédie qui soit son œuvre originale, « l'Homme du Monde », est aussi la seule qui soit une œuvre de vrai mérite.

Autres poètes. — Selgas donne âme et sentiment aux fleurs, au gazouillement des oiseaux; dans ses jolis poèmes « le Printemps » et « l'Été »; il se distingue surtout par l'originalité, la vivacité et la finesse du style; ses « Feuilles détachées », petits articles frivoles écrits en prose, ont beaucoup contribué à sa réputation.

Avec lui il convient de citer D. Antonio Arnao, poète mélancolique et doux; Manuel Palacio, auteur d'une spirituelle épître: « Ce que je cherche à la Feria ».

Campoamor, 1817-1901. — Les cris désespérés d'Espronceda nous émeuvent; le septicisme de Campoamor est plus amer et plus glacial.

Don Ramon de Campoamor voulut être dans ses « Poésies » et ses « Doloras » le représentant de la poésie philosophique. Il restera surtout comme le poète des dames, le chantre de l'amour et de la beauté. Souvent accusé de plagiat, il montra tout au moins une adresse consommée à se faire valoir et, par son charme finement indulgent et sceptique, à s'attirer toutes les sympathies.

« Les âmes comme la mienne..... repoussent tout souci.... »

> Hay almas como la mia
> Que no tienen pesadumbres
> Y pronto, cuando las tienen,
> Su grave peso sacuden.

Le « Drame Universel » est l'ouvrage le plus considérable de Campoamor ; c'est un long poème en huit journées, dont les vers et le sujet sont fréquemment sans grand intérêt; mais on y sent un talent remarquable.

*
* *

Les autres écrivains qui, dans leurs œuvres poétiques, ont montré de la facilité et du charme, sont extrêmement nombreux. Plusieurs, en même temps que des poètes, sont des auteurs dramatiques, comiques ou des critiques : Tassara, Trucha, Ruiz Aguilera, Serra, Becquer, Gertrudis de Avellaneda, surtout Nuñez de Arce, ont tous un nom de l'autre côté des Pyrénées.

Doña Carolina Coronado, née en 1823, a écrit beaucoup de jolis vers pendant sa longue vie; au mois de mars 1904, au moment où Madrid rendait hommage aux restes des « héros de Baler » tués aux Philippines, pendant la guerre, elle leur adressait une ode touchante et d'une belle inspiration patriotique.

Quant à la jeunesse littéraire d'aujourd'hui, voici, en ce qui concerne les poètes, le jugement de Leopold Alás (Clarin), l'un des critiques les plus autorisés de la Péninsule : « Nos jeunes gens semblent n'être pas même informés de ce qui se passe dans le monde. Pendant que des poètes, des romanciers, des philosophes de la jeunesse française étudient nos auteurs, nos « jeunes » imitent Campoamor ou Becquer..... tous se plaignent de n'être pas déjà connus. Mais, s'ils n'étudient pas, s'ils ne sentent pas, s'ils ne pensent pas !..... »

Ferrari, Cavestany, Antonio de Zayas, Sandoval....., sont des poètes variés et imaginatifs, tantôt brillants et colorés à l'exemple de Zorrilla, tantôt, comme plusieurs de nos parnassiens, soucieux surtout du choix des mots et de la rime.

Le recueil de Manuel Sandoval intitulé « Aves de paso, Oiseaux de passage », paru en février 1904, s'ouvre sur le joli sonnet suivant :

A un impaciente.

Lo que no logres hoy, quizá mañana
Lo lograrás ; no es tiempo todavía ;
Nunca en el breve término de un dia
Madura el fruto ni la espiga grana.

No son jamás en la labor humana
Vano el afán ni inútil la porfía :
El que con fé y valor lucha y confía
Los mayores obstáculos allana.

Trabaja y persevera, que en el mundo
Nada existe rebelde ni infecundo
Para el poder de Dios ó él de la idea.

¡Hasta la estéril y deforme roca
Es manantial cuando Moisés la toca
Y estatua cuando Fidias la golpea !

« Ce que tu n'obtiendras pas aujourd'hui, demain tu l'atteindras peut-être ; le moment n'est pas encore venu ; dans le court espace d'un jour, le fruit n'a pas le temps de mûrir, l'épi ne peut donner ses grains. — Dans le labeur de l'humanité, le souci et la lutte ne sont ni vains ni inutiles : celui qui combat avec foi, courage et confiance aplanit les plus grands obstacles. — Travaille et persévère, car, dans le monde, rien ne demeure stérile, rien ne résiste à la puissance de Dieu ou à la force de l'idée. — La roche inerte et informe, elle-même, devient source sous le geste de Moïse et statue sous le marteau de Phidias ! »

III. — LES PROSATEURS ET LES AUTEURS DRAMATIQUES.

1. *Lista, Larra, Bálmes, Lafuente, Castelar.*

Alberto Lista, 1775-1848. — Lista a beaucoup influé sur la littérature de son temps, surtout comme éducateur. Nous l'avons déjà vu fonder à Madrid le collège San Mateo, diriger les études

d'Espronceda dont il pressentait le génie et de quelques autres élèves
destinés à la célébrité ; grouper autour de lui une enthousiaste phalange de jeunes talents que les idées libérales du maître avaient
d'abord attirés.

Il leur enseignait, avec l'histoire générale de la littérature, les
mathématiques qu'il cultivait avec passion. J'ai déjà cité plusieurs
de ses disciples ; Agustin Durán, mort en 1862, ne fut pas le moins
célèbre comme érudit, comme poète et comme prosateur.

Les œuvres les plus connues de l'abbé Lista sont des « Essais
critiques » et une « Introduction à l'histoire moderne ».

Mariano José de Larra, 1809-1837. — L'Espagne a possédé au
XIXᵉ siècle, en la personne de Larra, l'un des humoristes, l'un des
critiques de mœurs les plus remarquables qui aient paru. Elle avait
vu naître, au XVIIᵉ siècle, Francisco Quevedo ; Larra lui ressemble ;
mais, plus puissant que son prédécesseur dans la littérature, Larra
a été un ironiste complet.

S'étudier lui-même, observer et décrire fidèlement les sensations
de son cœur et les mouvements de son intelligence dans le cadre
des événements contemporains, dévoiler les mœurs véritables, tout
montrer, tout trahir, ambitions, intrigues, buts et moyens inavoués,
tel a été le souci de Larra.

Profondément sceptique, c'est de lui-même qu'il écrit : « Je sais
« de bonne source qu'il ne croit à aucune chose née ou à naître, en
« quoi il agit comme celui qui a expérimenté la vie ». Cette philosophie négative rappelle celle de Campoamor :

> En este mundo traidor
> Nada hay verdad ni mentira ;
> Todo es según el color
> Del cristal con que se mira.

Le poète lyrique est mort plus qu'octogénaire, ayant professé le
dégoût de la vie et joui complaisamment de ses avantages. Larra,
plus amer, plus violent, plus convaincu pourrait-on dire, se meurt
de sa conviction même et se tue à vingt-huit ans.

Aussi, quelle force d'émotion il possède, quels brûlants sarcasmes
il lance ! quelle concision originale et mordante !

Aucun prosateur espagnol ne m'a plus vivement frappé que

Larra. L'une de ses qualités est d'être libre de toute imitation,
chose assez rare en somme dans la littérature de son pays. Il ne
consulte que lui-même, reproduit ce qu'il sent, se donne tout entier,
dans un style inimitable où transparaît sa personnalité faite d'au-
dace et de désenchantement.

Né à Madrid d'un médecin de l'armée française, Larra fit en
France sa première éducation ; il la compléta à Madrid et à
Valence. Il composa son premier écrit, « le Pauvre Parleur, el
Pobrecito Hablador », sur le conseil de Ventura de la Vega ; il y
peint par lettres l'Espagne elle-même, sous la forme symbolique du
« pays des Batuecas », avec ses vices, son ignorance « opaque »,
son amour également sincère pour l'immobilité et pour les révolutions.

Sous le pseudonyme de Figaro, qui lui est resté très populaire, il
met ensuite au jour diverses œuvres : un drame, un roman,
l'ébauche d'une étude dramatique dont Quevedo est le héros, etc.,
toutes mordantes et spirituelles.

« L'homme-ballon, el hombre-globo » est l'une de ses plus amu-
santes boutades ; il y classe la société en « hommes-solides, qui
« sont la base, la masse de l'humanité... hommes-liquides, qui
« remplissent les pores, sont pleins de prétention, bruyants, ont
« quelque chose comme une voix et trouvent un écho... »
« L'homme-gaz » s'appuie sur les autres, monte, devient « l'homme-
ballon » qui s'élève d'abord tout droit, mais bientôt vogue sans
direction, au hasard de son impuissance.

Maintenant, le dégoût de la vie s'affirme de plus en plus chez
Larra ; il s'attaque à toutes choses pour n'y découvrir que désillusion et que vanité, étend son regard autour de lui sur l'Europe,
sur l'Espagne, la littérature, et ne retire jamais de ces études
qu'un inguérissable désespoir ; il méprise l'humanité entière et lui
crie son dégoût.

La « Nuit de Noël » ou le « Délire philosophique », écrit à la fin
de 1836, donne bien une idée de la manière de Larra et trahit la
profondeur de son désespoir :

« Tu veux donner le bonheur au cœur humain ; pour cela tu le
fouilles sans cesse comme l'avide qui cherche un trésor... Moi, je
ne désire rien et la désillusion ne me guette pas au détour de
chaque espérance... Tu es écrivain, tu subis les tourments de ton

amour-propre; tu te mets en fureur contre l'indifférence, l'envie et la rancune... Tu tournerais tes amis en ridicule, si tu pouvais en avoir... Chaque défaite est une honte pour ton orgueil, et chaque victoire te coûte trop cher... Moi, qui me connaît, qui peut me nuire?... Altéré de gloire, tu méprises tes lecteurs; tu vas pourtant les encenser et mendier leurs louanges... Tu imagines des mots et tu forges, avec ces mots, des sentiments : science, art, politique, gloire..., amitié, amour; lorsque tu découvres leur vide, tu blasphèmes et tu maudis. Moi, je ne suis ni heureux, ni malheureux... Je ne suis ni homme du monde, ni ambitieux, ni élégant, ni écrivain, ni amoureux... Le vin m'a enivré, c'est vrai; mais toi aussi tu es ivre, de désirs et d'impuissance. »

Moins de deux mois après avoir écrit cette page, le 13 février 1837, à la suite d'une rupture qui ne parut être que le prétexte de son suicide, Larra se tuait d'un coup de pistolet.

J'ai dit que José Zorrilla, alors âgé de 20 ans, récita sur la tombe de Larra quelques strophes très émues qui marquèrent le début de sa carrière poétique.

> ... Miró en el tiempo el porvenir vacío,
> Vacío ya de sueño y de gloria.

« ... Son regard ne découvrit dans l'avenir qu'un abîme vide de gloire et d'illusions... ».

Jaime Bálmes, 1810-1848. — Sorti d'une très modeste famille de Vich, dans les montagnes de Catalogne, le prêtre Jaime Bálmes a laissé un très grand nom dans l'histoire de la littérature politique et religieuse de l'Espagne.

Au milieu des luttes ardentes de partis, au plus fort du carlisme, vers 1835, un prêtre rigide devait produire une impression profonde sur l'Espagne traditionnelle en lui parlant un langage moderne et libéral. Beaucoup de ses compatriotes virent d'abord un dangereux révolutionnaire dans celui qui osait dire :

« Tandis que vous vous remuez, il existe derrière vous 15 millions d'hommes..., une nation qui pense, qui veut, mais obscurément, confusément... Si quelqu'un pouvait lui dire : Voilà ce que tu veux, voilà ce qu'il faut que tu fasses; le peuple répondrait :

C'était cela, mais je n'arrivais pas à m'en rendre compte. » Et encore : « Respectons le passé, mais ne pensons pas que notre vain regret puisse le faire revivre... Ce qui existe aujourd'hui n'a-t-il pas été nouveau un jour?... Dans l'histoire éclatent à chaque pas les nouveautés les plus étonnantes. »

Les œuvres principales du publiciste catalan sont : la « Philosophie élémentaire », la « Philosophie fondamentale », le « Protestantisme », « Lettres à un sceptique », « El criterio », « Pio IX », les « Écrits politiques ».

Bálmes projette son regard sur tout ce qui l'entoure, trace un tableau d'ensemble de l'état de l'Europe, étudie minutieusement celui de l'Espagne, analyse les philosophies étrangères, pose et discute une foule de questions politiques et religieuses.

Pendant huit années, il se livre à un travail immense et meurt phtisique à Vich, à 38 ans.

Le talent de Jaime Bálmes a été si en vogue, si européen pour ainsi dire, que son ouvrage, le « Protestantisme », à mesure qu'il paraissait à Barcelone, était immédiatement traduit en français, en anglais et en allemand.

Modesto Lafuente, 1806-1865. — Celui-ci est un historien, et le premier de l'Espagne. Son « Historia general de España », que j'ai eu souvent l'occasion de consulter, contient 28 gros volumes et a exigé vingt ans de persévérant travail.

« Il manquait à l'Espagne, dit Hubbard, le récit complet de tous les événements qui se sont accomplis sur son territoire depuis les invasions carthaginoise et romaine jusqu'à nos jours... On sut à Madrid que plusieurs écrivains français se préoccupaient d'accomplir cette tâche que les Espagnols n'avaient pas su réaliser... A cette nouvelle, le patriotisme de Lafuente s'exalte... Il se jure de terminer l'œuvre qui fait défaut à son pays et, en bon Castillan, il tint sa parole. »

Orateur facile et persuasif, peintre amusant et satirique des mœurs populaires, Lafuente est un écrivain élégant et sobre à la fois, un historien très informé et très consciencieux.

En dehors de l' « Historia general », il a publié sous le pseudo-

nyme de « fray Gerundio », le « Théâtre social du XIXe siècle », le
« Voyage en France, en Belgique, en Allemagne ».

Olozaga, González Bravo, Antonio de los Ríos, Donoso Cortés,
Cánovas, Castelar, tels sont les plus grands noms de l'éloquence
espagnole au XIXe siècle ; les deux derniers de ces orateurs ont
laissé, en outre de leurs discours, de véritables travaux littéraires et
leurs noms doivent figurer parmi ceux des prosateurs.

Ce n'est pas que Cánovas del Castillo, né à Malaga en 1829 et
assassiné en 1897 à Santa-Agueda par l'anarchiste Angiolillo, ait été
un écrivain de grand talent ; mais, membre de toutes les académies
officielles, jurisconsulte très en vue, orateur admiré, le premier
ministre de la « Restauration » de 1874 a joué un rôle important
dans le développement de l'histoire générale et de la critique de son
pays.

Ses principaux écrits sont l' « Histoire générale de la décadence
de l'Espagne », les « Études littéraires », les « Problèmes contemporains ».

Émilio Castelar, 1832-1899. — Don Émilio Castelar y Ripoll fut
à la fois le plus grand orateur de l'Espagne contemporaine et un
écrivain très remarquable. Rappelons d'abord les conditions dans
lesquelles il se fit connaître, à la même époque que Alarcon, dont je
parlerai comme romancier, et que le leader socialiste Pi y Margall.

Le général Domingo Dulce avait la confiance du comte de San
Luis, premier ministre d'Isabelle en 1854. Sous prétexte d'une
revue, il fait sortir de Madrid toute la cavalerie qui y tient garnison,
la réunit en rase campagne ; soudain se présente le général O'Donnell ; il harangue les troupes, les rallie à sa cause et les entraîne à
l'attaque du gouvernement constitué.

Tel fut le début du mouvement insurrectionnel de 1854. Quelques
jours après le *pronunciamiento* que je viens de rappeler, à la fin
d'un banquet politique au « Théâtre Royal » de Madrid, un jeune
homme inconnu demande la parole ; elle lui est accordée et Émilio
Castelar, dont le nom surgit pour la première fois, expose ses idées
républicaines et démocratiques avec tant de feu et d'éloquence que

les assistants enthousiasmés portent en triomphe jusqu'à sa demeure le jeune tribun dont le talent vient de se révéler.

Le lendemain, Émilio Castelar entre à la rédaction du « Tribuno » qu'il quittera en 1855 pour la « Souveraineté nationale » ; rédacteur de la « Discussion » jusqu'en 1863, il fonde enfin « la Démocratie » franchement républicaine et surtout antidynastique. C'est dans les colonnes de ce journal que débute Nicolas Salmeron.

Castelar écrit la « Formule du Progrès » et sa « Défense » ; puis, chargé d'un cours à l'Athénée, il met au jour l' « Histoire de la civilisation dans les cinq premiers siècles du Christianisme » et publie deux romans : « Ernest » et « La Sœur de charité ».

En 1866, le conseil de guerre de Madrid le condamne comme conspirateur à mourir « en garrote vil » ; il s'enfuit, se réfugie à Paris, y compose pour vivre. « Un an à Paris », les « Souvenirs d'Italie », la « Vie de Byron » ; il s'emploie cependant à préparer la révolution de 1868, rentre en Espagne à cette époque comme député, devient président du Pouvoir exécutif de la République.

Après le coup d'État du 3 janvier 1874, il s'exile lui-même en France, écrit le poème en prose « La Rédemption de l'esclave », l'ouvrage politique intitulé « El ocaso de la libertad » et l' « Histoire du mouvement républicain en Europe ».

Il rentre dans sa patrie, siège de nouveau au Congrès comme chef du parti républicain possibiliste, réclame le suffrage universel, la liberté religieuse, l'élection des « alcaldes » par les conseils munici-paux (et non par le gouvernement, comme cela se fait encore aujour-d'hui), le service militaire obligatoire...

Dans ses dernières années, Castelar s'est tenu en dehors de la politique active, déclarant que lui mourrait républicain convaincu, mais conseillant à ses amis d'entrer dans le parti monarchiste libé-ral. Il s'occupait surtout de littérature, écrivait l' « Histoire de la découverte de l'Amérique », des récits de voyage, des études histo-riques et critiques très variées.

Castelar restera l'une des gloires les plus brillantes de la patrie espagnole. Non pas qu'il n'ait justifié, comme homme d'État, le jugement qu'exprimait en 1875 l'un de nos publicistes : « Il n'est pas né pour commander, pour agir, pour exécuter. Qu'il rêve, qu'il chante, qu'il parle ! Telle est sa vraie mission, ne lui en confiez jamais d'autre » ; mais, comme orateur, comme propagateur d'idées, il était doué d'un admirable talent. Son âme vibrait d'enthousiasme pour les causes dont il se faisait le champion et communiquait à sa parole et à sa plume un élan qui entraînait l'auditoire et qui fascine le lecteur, car sa prose est de l'éloquence écrite.

Poète, en effet, le voyageur qui, dans ses « Souvenirs d'Italie », nous livre toute la sensibilité de ses impressions et toute la mélancolie de ses souvenirs ; poète encore l'orateur qui veut d'abord, avec un art infini, posséder ses auditeurs en touchant les fibres les plus délicates de leur cœur, les saisit enfin, en leur parlant de la patrie, de la famille, de la religion, et emporte leurs votes enthousiastes au milieu d'une intense émotion ; poète enfin, le politique qui associe ses convictions démocratiques et ses élans religieux en un rêve de République universelle dont Rome serait la tête.

Il faut citer encore les noms de Serafin Estébanez Calderon et de Mesonero Romanos, tous deux écrivains de mœurs et spirituels humoristes. Le premier, sous le pseudonyme de « El Solitario » a laissé les « Scènes andalouses » ; le second, sous celui de « Curieux parlant », les « Scènes madrilènes ».

Don Cárlos Frontaura, directeur du « Cascabel » (le « Grelot »), dont j'avais traduit avant mon séjour en Espagne les « Caractères et Portraits », appartient au même genre littéraire, de même que le poète Selgas avec ses « Feuilles détachées » que j'ai citées déjà. Ce genre est une critique de mœurs amusante et bienveillante, qui ne rappelle en rien les amers sarcasmes de Larra.

« L'Histoire critique de la Littérature espagnole », de José Amador de los Ríos, eût été un précieux monument si, au septième volume, la mort de son auteur n'était venue en interrompre la composition.

L'entreprise de Rivadeneyra mérite d'être mentionnée ; cet éditeur de Madrid résolut, avec le concours d'écrivains de valeur, la revision complète et l'édition nouvelle de tous les grands auteurs espagnols ; les soixante-dix gros volumes qu'il publia font pendant, dans toutes les grandes bibliothèques, à l' « Histoire » de Lafuente.

Manuel de la Revilla, mort d'excès de travail à trente-cinq ans, a laissé un nom dans la critique littéraire. Comme critiques aussi, Menéndez y Pelayo, Valera, Leopoldo Alás, sont à juste titre célèbres ;

le premier est probablement, à l'heure actuelle, le plus remarquable des érudits espagnols.

Barcelone s'intéresse particulièrement au mouvement général et scientifique de notre époque. L'élégant écrivain Ixart, d'autres Catalans, Sardá, Opisso, ont avec lui de commun quelque chose « d'étranger », une grande information et un sens très développé de la critique moderne.

2. *Les romanciers et les auteurs dramatiques.*

Au début du romantisme espagnol, nous n'avons pas rencontré de romanciers. Les nouvelles historiques de Larra, d'Espronceda, d'Escosura, n'avaient pas eu de succès ; le genre n'existait pas.

Le roman moderne qui photographie notre société, en incarne les idées, les mœurs, les caractères, le mouvement, fut importé en Espagne par une Allemande.

Fernan Caballero, 1796-1877. — Doña Cecilia Bolh de Faber, dont Fernan Caballero fut le pseudonyme, était la fille d'un négociant de Hambourg ; elle naquit en Suisse, passa son enfance en Allemagne et en Italie, se maria trois fois, au capitaine Planelles, au marquis de Arco Hermoso, à D. Antonio Arron de Ayala. Elle vécut à Jerez, à San Lúcar, à Séville, et mourut dans l'Alcázar même dont la reine Isabelle lui avait offert la jouissance.

Fernan Caballero a été en effet, à cause de ses idées politiques et religieuses, l'écrivain favori de la cour, sous la fille de Ferdinand VII ; elle a mis fréquemment son talent au service de cette monarchie chancelante.

Ses œuvres, traduites par Germond de Lavigne, sont assez connues en France ; je les avais lues en partie avant d'avoir vu de près le peuple espagnol et j'étais loin d'en avoir compris tout le charme descriptif.

Fernan Caballero n'est nullement un écrivain profond. Elle peint avec un talent exquis les usages populaires, le peuple andalou srutout, qu'elle connaît mieux que les autres et dont elle rend à merveille l'originalité, l'esprit tout particulier qui constitue le « graçejo andaluz ». Admiratrice enthousiaste du passé, elle s'efforce de combattre ce qu'elle n'aime pas dans les idées nouvelles et de faire revivre les traditions mortes. Elle trouve des situations émouvantes, d'ingénieuses et gracieuses intrigues ; mais son talent se montre surtout dans les délicieux tableaux dont ses livres sont émaillés.

Ses œuvres principales, présentées comme « Cuadros sociales, tableaux sociaux », portent les titres suivants : « la Gaviota », « la Famille d'Alvareda », « Larmes », « la Nuit de Noël et le Jour des Rois », etc..... « Contes et Poésies populaires andalous ».....

Le morceau suivant, souvent cité, est extrait de la première des œuvres de doña Cecilia, « la Gaviota, la Mouette », histoire tragique d'une fille de pêcheur ; il donne une idée de la délicatesse du pinceau de Fernan Caballero :

« Le peuple andalou a une infinité de chants : ce sont des mélodies, tantôt tristes, tantôt gaies : fandango, caña, aussi élégante que difficile à chanter. Il en est d'autres aussi ayant leur nom propre et, parmi elles, la romance. Le ton de la romance est monotone....., mais ce qui en fait le charme, pour ne pas dire l'enchantement, ce sont les modulations de la voix qui la chante ; c'est la manière dont quelques notes se traînent, ou pour mieux dire, se bercent doucement, laissent monter, descendre ou précipiter le son, en le laissant mourir..... Lorsque, à la chute du jour, dans la campagne, on entend au loin une belle voix chanter la romance avec une mélancolique originalité, elle produit un effet extraordinaire ; nous ne saurions mieux le comparer qu'aux éclats du cor des postillons, en Allemagne, lorsqu'ils vibrent doucement répétés au milieu des bois magnifiques et des lacs délicieux. »

De quel écrivain rapprocher Fernan Caballero avec quelque vraisemblance ? Mérimée l'appelait « le Sterne espagnol » ; elle-même avouait son penchant pour Souvestre et j'ai trouvé pour ma part bien des points de contact entre l'Allemande devenue Andalouse et l'auteur du « Foyer breton ».

*
* *

Je ne veux pas oublier de citer les jolies églogues basques de Trueba, les légendes gracieuses du maladif Gustave-Adolphe Becquer, les études politiques, religieuses et sociales de doña Concepcion

Arenal, enfin, les romans fantastiques de Fernández y González. Ce dernier écrivain doit retenir un moment l'attention à cause de l'immense influence qu'il a exercée et qu'il exerce encore. Choisir quelques figures chères à l'imagination espagnole, ressusciter le séducteur don Juan de Maraña, le brigand José Maria, le pirate Esteban le Beau; les faire vivre à des époques variées de l'histoire nationale et se mouvoir au milieu d'impossibles aventures; tel a été le rôle de Fernández y González. Ses livres, avec les traductions d'Alexandre Dumas et de Ponson du Terrail sont, à coup sûr, les ouvrages les plus lus du peuple espagnol.

Toutes ces œuvres s'adressaient surtout à l'imagination; l'intelligence n'y trouvait guère d'intérêt. Fernan Caballero allait mourir; qu'allait devenir le roman de mœurs?

C'est alors (1872) que se révéla D. Benito Pérez Galdós avec « El Audaz » et « la Fontana de Oro ». En racontant une histoire simple et vraisemblable, dans laquelle les descriptions, l'étude des caractères, le jeu des passions avaient la plus grande part, Galdós réussissait du premier coup à intéresser et, plus heureux que doña Cecilia Bolh, à se rendre populaire.

Presque en même temps, Alarcon faisait paraître « El Sombrero de tres picos, le Chapeau à trois cornes » et Juan Valera mettait au jour « Pepita Jiménez »; le roman moderne espagnol était renouvelé.

Pedro Antonio de Alarcon, 1833-1891. — Les articles du journal républicain « El Látigo, le Fouet » avaient fait rapidement connaître, vers 1854, le nom de Pedro Antonio de Alarcon; il avait écrit des revues théâtrales et des nouvelles jusqu'au jour où, plein d'ardeur patriotique, il s'engagea comme simple soldat pour la guerre d'Afrique en 1859.

Il y devint l'ami du général en chef O'Donnell et en rapporta le « Journal d'un témoin de la guerre d'Afrique ». C'est à partir de cette époque qu'abandonnant ses premières opinions Alarcon entra dans l'« Union libérale ».

Il ne s'est vraiment montré romancier de talent qu'après la « Restauration » à laquelle, d'ailleurs, il adhéra complètement.

« El Capitan Veneno », « El final de Norma », « de Madrid à Naples », « la Alpujarra »..... sont ses œuvres principales avec

« El Sombrero de tres picos », roman campagnard que j'ai déjà cité.

Alarcon est un prosateur correct, pittoresque et très naturel.

Benito Pérez Galdos, né en 1840. — Don Benito Pérez Galdós est né aux Canaries en 1840. Il se fit d'abord connaître par des esquisses littéraires parues dans « la Nation » et la « Revue d'Espagne » sous le titre de « Figures de cire ».

Il publia en 1871-72, comme je l'ai dit, « El Audaz » et « La Fontana de Oro » et commença aussitôt les « Episodes nationaux », récits historiques pleins de patriotisme ; leurs vingt volumes rappellent l'œuvre d'Erckmann-Chatrian et racontent sous une forme épisodique et familière l'invasion de 1808, les longues années de la révolution espagnole, les tristes vicissitudes de la vie actuelle.

Leur immense succès décida l'auteur à entrer résolument dans la voie du roman psychologique et social avec « Doña Perfecta » et « Gloria ». Froid, réfléchi, raisonneur, Galdós ne cherchait ni la complication des événements ni le surprenant des aventures ; la vérité des caractères, la beauté des descriptions étaient ses principaux soucis. Avec lui, on sort pour ainsi dire un peu de la littérature espagnole pour retrouver Balzac, Dickens, Wilkie Collins ; il est Anglais par le fini de ses types et de ses tableaux. Français par la portée de ses observations et l'intérêt de ses intrigues. La liberté, le progrès, la haine du fanatisme religieux sont les pensées maîtresses de son esprit. Dans chacun de ses romans : « la Famille de Léon Roch », l'« Inconnue », « Réalité », « Angel guerra », etc....., il pose, sans le résoudre toujours, un problème social.

Le 15 mars 1892 Galdós donnait au théâtre de la Comédie, à Madrid, sa première pièce, le drame en cinq actes, en prose, intitulé « Réalité » ; il y mettait en scène les deux principaux personnages de « la Incógnita » et de « Realidad ». Les opinions furent très divisées dans l'appréciation de cette œuvre. Galdós sembla en avoir compris les défauts lorsqu'il soumit aux spectateurs, l'année suivante, « la Loca de la casa, la Folle de la maison ».

Ce drame met en scène une jeune fille, Victoria, qui sacrifie sa vocation religieuse pour sauver son père de la ruine et épouse un homme rude et très riche, José Maria Cruz, un « struggle for lifer » dont le caractère ne pouvait manquer d'impressionner vivement des

Espagnols. « J'ai appris par expérience, disait Cruz dans la
« scène VII du Ier acte, que la compassion démoralise l'humanité,
« lui enlève tout courage dans les grandes luttes contre la nature.
« De là vient le sentimentalisme qui épuise, de là vient l'habitude
« de désobéir aux lois... elle supprime le crédit, le travail, la vie,
« tout. »

« La de San-Quintin » est une comédie en trois actes qui résout
un cas particulier du problème social par le mariage d'un ouvrier
et d'une duchesse ; comédie bien faite et qui eut beaucoup plus
de succès que « Volonté », jouée à Madrid en 1895.

« La Fiera, la bête féroce », drame politique en trois actes ; les
deux romans « Miséricorde » et « l'Aïeul » (1897) ; d'autres « Épi-
sodes nationaux » ; le drame « Electra », joué à Madrid il y a quatre
ans, et qui a fait tant de bruit en Espagne et en Europe, à cause de
la violence de ses attaques contre le fanatisme religieux qu'incarne
le personnage de « Pantoja » et à cause des troubles politiques qui,
dans la Péninsule, en ont suivi la représentation ; enfin le drame
« El Abuelo, l'Aïeul », d'abord écrit pour une scène italienne
d'après le roman de 1897, puis représenté au « Théâtre Espagnol »
au mois de janvier dernier : telles sont les dernières œuvres de
Galdòs.

Malgré la valeur littéraire et la portée de ses pièces, Pérez Galdós
est plus remarquable comme romancier que comme auteur dramatique ; ses personnages de scène disent, dans un style magnifique,
des paroles réfléchies et impressionnantes ; mais presque toujours,
malgré cela, l'effet théâtral de l'ensemble est moyen, au-dessous
pour ainsi dire du talent de l'auteur, soit que certaines figures
changent de caractère pendant le drame, soit que les actes et les
scènes manquent parfois de naturel dans leurs liaisons.

De plus, les drames de Galdós sont très espagnols et très souvent
« d'actualité » ; c'est ce qui explique que quelques-uns d'entre eux
soient difficiles à juger par des étrangers et que, par exemple,
l'adaptation d' « Electra » présentée sur la scène française au mois
de mai 1904 n'ait eu qu'un succès très médiocre.

Aujourd'hui, Galdós représente en Espagne le travail opiniâtre et
la pensée moderne. Dans un banquet que lui offraient au mois de
mars dernier quelques jeunes littérateurs, il terminait son toast par
les paroles suivantes : « Vous, jeunes gens, parce que vous êtes

« jeunes, nous, vieillards, parce que nous l'avons été, appliquons-
« nous avec enthousiasme, de toute notre volonté, à extraire du
« rude génie espagnol ces deux richesses premières : la Science,
« qui fortifie les nations, et l'Art, qui les ennoblit. »

Député de 1886 à 1890 dans le parti fusionniste, Galdós est acadé-
micien depuis 1897 et habite généralement Santander, la « montagne » chère à Pereda dont je vais parler.

José Maria de Pereda, né en 1834. — Pérez Galdós et José
Maria de Pereda sont intimes amis; ils ont beaucoup voyagé
ensemble, travaillé l'un près de l'autre; ils professent tous deux
pour le pays de Santander la même prédilection; Pereda est même
« montañés »; il est né dans cette province en 1834.

D'opinions absolutistes, Pereda est aussi bien, en littérature, un
Fernan Caballero avec plus d'originalité et de talent. Ses « Escenas
montañesas », « Pedro Sánchez », « Sotileza », « Nubes de estío,
Nuages d'été », « Pachin González », etc... sont remarquables par
l'originalité puissante des types et des caractères, par l'énergie et la
couleur du style que n'intimide jamais l'emploi du mot cru; et surtout par l'aisance du dialogue.

Juan Valera, né en 1824. — « Ce grand seigneur d'aristocra-
« tique talent », dit le critique Manuel de la Revilla dans une étude
publiée en 1883, « de grave et impassible physionomie, aux épaules
« un peu hautes entre lesquelles s'emboîte une tête qui jamais ne
« s'incline, c'est D. Juan Valera, le plus poli et le plus érudit de
« nos critiques, l'un de nos plus charmants romanciers. Vous
« verrez en lui, au premier regard, le plus hautain des aristocrates
« et le plus fermé des académiciens; approchez, c'est le plus
« aimable des hommes et le plus sympathique; c'est aussi l'un de
« ceux qui manient le mieux notre langue. En somme, c'est la
« science et le talent en cravate blanche, l'érudition mise avec la
« dernière recherche. »

D. Juan Valera y Alcalá Galiano est un romancier, un homme
politique, un critique et un diplomate. Sa « carrière » a commencé
en 1847 par deux ans de séjour à Naples auprès du duc de Rivas
alors ambassadeur; ministre d'Espagne à Francfort, à Lisbonne, à
Washington, à Bruxelles, il a quitté Vienne en 1895 pour se fixer à

Madrid. Au point de vue politique, Valera a toujours été un libéral et a figuré dans le parti fusionniste de Sagasta.

« Pepita Jiménez » est le premier roman et peut-être le chef-d'œuvre de ce remarquable styliste. Traduit en anglais, en allemand, en italien, je ne crois pas que ce livre l'ait été en français ; et je me demande vraiment, tant le mérite de cette œuvre est mis en valeur par le charme de la langue, si la longue étude publiée par le « Journal des Débats » ne fait pas, mieux qu'une traduction, ressortir tout le talent du romancier espagnol.

« Pepita Jiménez » est l'histoire délicate et touchante de deux âmes : D. Luis de Vargas, jeune homme de vingt-deux ans qui se croit la vocation religieuse, se prend peu à peu aux charmes d'une délicieuse veuve de vingt ans, Pepita, et l'épouse. Voilà toute l'intrigue ; mais que de finesse, d'esprit, de tact, et quels ravissants tableaux !

Sceptique bienveillant à la façon de Campoamor, élégant et mondain comme lui, Juan Valera n'est ni un psychologue sans égal, ni un philosophe ; c'est un esprit très vaste, très éclectique, une intelligence très cultivée, un « bel esprit » dont la science serait profonde et le goût parfaitement juste et délicat.

« L'aiguillon de la curiosité m'a toujours piqué », a-t-il dit de lui-même, « mais la paresse l'a toujours emporté ». Ce jugement personnel ne manque pas d'affectation ; car Juan Valera est bien l'un des écrivains les plus féconds et l'un des critiques les mieux informés de l'Espagne contemporaine. Si elle doit à sa charmante fantaisie les romans qui ont pour titre « Pepita Jiménez », « El Comendador Mendoza », « Las ilusiones del Doctor Faustin », « Pasarse de listo », « Juanita la larga », » Genio y figura », etc..., elle s'enorgueillit de posséder ses traductions des poètes Mores, des œuvres de Leopardi, de Henri Heine, ses études critiques, historiques et littéraires extrêmement variées.

Doña Emilia Pardo Bazan, née en 1852. — Le comte de Pardo Bazán eut une fille unique qui naquit à la Corogne et montra de très bonne heure une organisation surprenante pour l'étude.

Mariée à seize ans à D. José Quiroya, doña Emilia voyage d'abord beaucoup en Europe pour recueillir des impressions ; devenue mère de famille, sa passion pour le travail se développe avec la vie sédentaire ; elle publie bientôt une série d'études : sur les œuvres de Feijoo, sur les poètes épiques chrétiens, sur le darwinisme ; puis, des ouvrages philosophiques et des romans : « Le Voyage de noces », « La Question palpitante », « Mi romería », « les Pédagogues de la Renaissance », « Au pied de la tour Eiffel », un « Voyage en France et en Allemagne », « la Mère Nature », « la Preuve », « la Révolution et le roman russe », la « Pierre angulaire », etc... des traductions des de Goncourt et de Tolstoï.

En 1895, elle fait à Bordeaux une conférence sur la littérature espagnole contemporaine qu'elle professe à l'Athénée de Madrid ; peu après, la « Revue Bleue » lui confie, à Paris, l'une de ses douze conférences ; elle prend pour sujet « L'Espagne d'hier et celle d'aujourd'hui ».

La nouvelle, la critique, l'histoire, la sociologie sont donc les champs que cultive le très vaste esprit de cet écrivain.

Les uns ont dit que, depuis George Sand, aucune femme ne s'est élevée à la hauteur du talent de doña Émilia ; d'autres ont prétendu qu'elle emprunte ses pensées et même la forme qu'elle leur donne à Zola, à de Vogüé, à Tolstoï...

Je connais encore trop peu ses ouvrages pour avoir une opinion personnelle.

Une chose cependant m'a frappé dans les deux romans de doña Émilia que j'ai eu le temps de lire ; c'est la sincérité, l'indépendance de son jugement ; en religion par exemple où, très catholique, elle défend sa conviction avec l'évident souci de ne pas paraître servir une cause.

Elle n'écrit que pour livrer sa pensée et ses impressions. Si elle est un critique érudit, elle n'est certes pas, en tout cas, un prosateur très correct ; et si, en sociologie, toutes ses idées lui viennent du dehors, elle possède du moins en propre, dans ses romans, un sentiment très délicat de la nature, en particulier de la campagne de Galice au milieu de laquelle elle est née.

Breton de los Herreros, mort en 1873, avait été, dans la première moitié du XIXᵉ siècle, le plus fécond et le plus original des auteurs comiques espagnols ; original malgré ses imitations très fréquentes de l'art français, remarquable par la facilité de son style, l'exacte peinture de ses types, la richesse de son esprit, l'allure aisée de ses dialogues ; auteur bien franchement espagnol d'ailleurs et dont il nous est difficile, à nous Français, de comprendre tout le talent. L'insuccès sur notre scène de quelques-unes des œuvres de Breton, en particulier « El pelo de la dehesa, le poil de la prairie », l'a nettement prouvé.

Rodríguez Rubí, mort en 1890, a laissé, entre autres pièces, une très jolie comédie de mœurs « La Roue de la Fortune », dont l'action se déroule au XVIIIe siècle.

C'est, au contraire, en traitant un sujet tout d'actualité vers 1860, la passion de l'agiotage, que Adelardo López de Ayala, ancien président du Congrès, a écrit « Le tant pour cent » ; la belle comédie « Consuelo » restera également comme l'une des meilleures œuvres de cet auteur souvent profond.

Tamayo y Baus, 1829-1898. — L'acteur D. José Tamayo et sa femme doña Joaquina Baus représentaient à Grenade, un soir de l'année 1839, un grand drame intitulé « Geneviève de Brabant » ; enthousiasmé, le public demandait le nom de l'auteur : Doña Joaquina prit alors par la main son fils de dix ans et le présenta aux acclamations des spectateurs.

Tel fut le début de don Manuel Tamayo y Baus, l'un des premiers dramaturges de l'Espagne actuelle.

Élevé au milieu des choses de théâtre, il en a connu et utilisé toutes les ressources avec un talent scénique merveilleux. Ses vers et surtout sa prose sont d'une correction et d'une facilité remarquables. Son chef-d'œuvre est « Le Drame nouveau », œuvre admirablement agencée où l'action se déroule avec une aisance rare, où la progression des passions et l'émotion du spectateur sont graduées avec un art consommé.

L'année 1858, où Tamayo entra à l' « Académie de la Langue », sépare sa carrière en deux parts très nettes. A la première appartient « La Ricahembra, la Dame de haute race », drame historique d'une très grande richesse qui se déroule au temps de Pierre le Cruel ; « la Ricahembra » est la femme forte placée entre son devoir et sa passion.

« La Locura de amor, la Folie d'amour » qui peint l'époque de Jeanne la Folle ; « Hija y Madre, Fille et Mère » ; la belle comédie dramatique « Boule de neige » ont été écrites aussi avant 1858.

C'est après cette date que, sous le pseudonyme de Joaquin Estébanez, Tamayo a fait jouer « Lo positivo », comédie imitée du « Duc Job » ; « Del decho al hecho », tirée de « la Pierre de touche », d'Émile Augier, enfin « El Drama nuevo » (1867).

Une satire contre l'indifférentisme intitulée « Los hombres de bien » est également l'une des œuvres remarquables de Tamayo qui s'est éteint à Madrid en 1898, comme directeur de la Bibliothèque nationale après un repos forcé auquel l'avaient contraint de longues années de neurasthénie.

José Échegaray, né en 1833. — Je vais enfin parler de D. José Échegaray, mathématicien hors ligne, écrivain d'une puissance vraiment extraordinaire, économiste et homme politique.

Quelques mots sur sa vie donneront une idée de la variété de ses talents.

Professeur d'analyse et de stéréotomie de 1850 à 1868, il publie, entre autres travaux, une « théorie des dérivées » qui le fait connaître ; ingénieur très en vue, très consulté, il entre dans la politique lors de la révolution de septembre 1868 et, aux Cortés, se fait l'apôtre du libre échangisme contre le protectionisme de Pi y Margall.

Ses idées en économie politique encouragent successivement le gouvernement provisoire et Amédée d'Aoste à lui confier le portefeuille des finances, puis celui des travaux publics.

Don José Échegaray a quitté presque complètement la politique active dans les premières années de la « Restauration » ; en revanche, il a depuis lors beaucoup produit pour le théâtre et pour la vulgarisation des sciences ; ses articles sur l'électricité, parus dans le « Liberal », font autant valoir la clarté de son esprit que la correction élégante de sa prose.

Cet homme aux facultés si variées et si puissantes vient d'entrer, comme ancien ministre, dans le Conseil d'État, réorganisé en mai 1904.

Quant à sa carrière littéraire, il est curieux de rappeler la timidité de ses débuts. Un drame en un acte, en vers, fut son premier essai en 1867 ; bien loin de le confier à la publicité, il l'envoya, sans se trahir, à une actrice en vue, la priant d'en disposer. L'actrice le jugea fort mauvais ; « la Fille naturelle » ne devait paraître sur la scène que bien des années plus tard et complètement refondue.

Quelques mois s'écoulèrent. Un soir, devant le jury du « théâtre espagnol », la célèbre tragédienne Matilde Diez lisait une œuvre dont l'auteur avait voulu conserver l'incognito : « El Libro talonario, le Carnet à souche ». Soudain, après quelques scènes, le poète Campoamor s'écria : « C'est du ministre des finances! ».

Ainsi naquit la réputation d'auteur dramatique d'Échegaray, réputation que « La esposa del vengado » et surtout « En el puño de la espada » établirent définitivement en 1875.

Grâce à l'étonnante fécondité du nouveau dramaturge, une foule d'œuvres théâtrales se suivent; toutes, d'ailleurs, n'ont pas le même succès. Les principales sont : « Ou Folie ou Sainteté », drame en trois actes, en prose; « La mort sur les lèvres »; « Conflit entre deux devoirs »; « El gran galeoto »; « Un Critique qui commence », jolie comédie en prose; « Tache qui lave »; « Mariana »; « L'Homme noir », etc.

Aujourd'hui, les pièces de José Échegaray sont connues dans les deux mondes, surtout peut-être en Allemagne, où on l'appelle « le Grand Espagnol ». Beaucoup de ses drames sont traduits dans toutes les langues; en français, « El gran galeoto » l'a été par Mme de Rute, princesse Ratazzi, et « O locura ó santidad, ou Folie ou Sainteté », par M. Puerta.

Je suis fort embarrassé pour analyser mon impression sur les drames d'Échegaray que, d'ailleurs, je n'ai pas vus au théâtre. Sans aucun doute, l'admiration y domine; et pourtant les personnages, même les plus modernes, ne sont pas toujours vivants.

Peut-être, pour juger ce remarquable talent, peut-on faire la part large aux facultés mathématiques dont est doué le surprenant dramaturge; et dire que son imagination hardie s'est posé comme problèmes une série d'intrigues que son esprit calculateur a su résoudre sans sortir du vraisemblable; qu'ainsi des êtres qui paraissent un peu artificiels à la lecture, placés dans des situations étonnantes, tragiques au suprême degré, mais possibles, puissent provoquer l'enthousiasme d'une salle entière, lorsque les incarnent des artistes comme Maria Guerrero.

C'est surtout à don José Échegaray que don Miguel Échegaray,

auteur dramatique comme son frère, doit le succès de quelques-
unes de ses œuvres.

C'est à lui aussi qu'un écrivain de talent, don Eugenio Sellés, est
redevable de ses brillants succès. Sellés est né à Grenade en 1844 ;
il a émergé au théâtre, en 1877, avec quelques drames historiques.
Puis, il est entré dans la philosophie sociale avec son chef-d'œuvre,
« le Nœud gordien », qui traite le même problème qu'avait posé
« Ou Folie ou Sainteté » d'Échegaray, l'adultère de la femme.

Sellés a écrit bien d'autres œuvres ; dans toutes, la thèse est
l'objet principal de l'auteur ; elle envahit le drame et, souvent, en
paralyse la vie.

*
* *

Avant d'achever cette vue d'ensemble de la littérature espagnole,
je veux dire tout l'intérêt que j'ai éprouvé à en parcourir l'histoire,
à en lire les principales œuvres, à entrer dans un monde d'auteurs
qui m'étaient inconnus ; leur puissante imagination, traduite par
leur belle langue, me réserve dans l'avenir de nouvelles jouis-
sances.

L'imagination, tel est en effet le plus beau don qu'aient reçu les
grands écrivains de la Péninsule. Elle est leur génie national et se
révèle avec une admirable puissance dans les grands drames du
« siècle d'or », dans les innombrables comédies de toutes les
époques, dans les « légendes » colorées de Zorrilla, dans l'enthousiasme lyrique de José Espronceda. Unie à une parfaite connaissance du cœur humain, l'audacieuse fantaisie espagnole nous donne
le « Don Quichotte » ; alliée à la réflexion moderne et à nos goûts,
elle offre les belles études de Galdós ; elle a le premier rôle et toute
son ampleur dans l'œuvre d'un Castelar ou d'un Échegaray.

Toute cette littérature est, en somme, très peu connue chez nous.
Mais, l'acclimatement d'une littérature étrangère n'est-il pas
presque toujours chose artificielle ? Pour jouir d'une œuvre, il faut
connaître le milieu qu'elle peint.

Cette condition se trouvait, pour moi, pleinement réalisée.

Qu'on ne pense pas, d'ailleurs, que les chefs-d'œuvre de la littérature espagnole soient, en Espagne, très populaires. L'Espagnol lit
peu ; les livres originaux coûtent cher, on ne les trouve guère en

province ; les bibliothèques, même celles des grandes villes, sont souvent modestes.

Par contre, les traductions à bon marché encombrent les étalages des libraires ; celles des auteurs français de tout genre sont de beaucoup les plus nombreuses ; Renan, Zola, Hugo, Dumas, sont à la portée de toutes les bourses ; tous nos genres littéraires sont aussi connus au sud des Pyrénées que les genres espagnols eux-mêmes.

Il en est de même au théâtre ; on y joue, il est vrai, beaucoup de pièces espagnoles et, en particulier, de « zarzuelas », opéras comiques assez courts qui sont de mode depuis longtemps ; mais les adaptations et les traductions du français y sont très fréquemment représentées ; le public applaudit aussi volontiers « L'autre danger » ou « El difunto Toupinel » que le théâtre castillan. En musique, d'ailleurs, notre action est plus prépondérante encore. L'Espagne n'a pas vu naître de grands musiciens et ses partitions lui viennent presque toujours de France ou d'Italie.

Enfin, la langue elle-même subit, chaque jour pour ainsi dire, l'influence de la nôtre ; ce n'est pas un échange, c'est bien un emprunt fait à nos termes, à nos tournures les plus idiomatiques.

Telle est, malgré l'originalité et la puissance indiscutables d'un petit nombre de leurs grands écrivains, l'action considérable de notre civilisation sur celle des Espagnols d'aujourd'hui. Elle n'a probablement jamais été aussi grande, même au XVIIIe siècle. Loin de l'attribuer d'abord à une fraternité latine, que je crois beaucoup plus traditionnelle que réelle, je pense que nous sommes simplement pour nos voisins des modèles qu'il leur est avantageux et commode d'imiter ; c'est par nous qu'à tous points de vue l'Espagne tient à l'Europe. Et c'est ainsi, je crois, qu'il faut interpréter la célèbre parole de Castelar au Congrès : « la France marche à la tête du monde dans la voie du progrès..... l'Espagne fait moralement partie de la France ».

DEUXIÈME PARTIE.

CHOSES VUES EN ESPAGNE. — HISTOIRE DE L'ANNÉE.

Rien de plus instructif au double point de vue de l'étude de la langue courante et de la vie d'un pays que les conversations journalières sur les faits du jour et la lecture soigneuse et quotidienne de quelques journaux.

J'entreprends de raconter, dans cette seconde partie, ce que cette méthode m'a appris sur l'Espagne et sur le peuple espagnol. Si les livres sont bien réellement « les portraits des peuples », le journal, ou plutôt l'ensemble des journaux, constitue une sorte de cinématographe de leur existence ; et, bien que leurs affirmations successives réclament un contrôle attentif, c'est évidemment dans leurs colonnes que palpite la vie sociale.

En Espagne, elle est très agitée ; les discussions politiques intérieures passionnent la nation et même, par leur vivacité et leur caractère original, intéressent de suite l'étranger.

Au reste, je ne citerai bien entendu que des faits vérifiés et tâcherai de faire voir comment luttent dans ce pays le savoir et le bon vouloir de quelques-uns contre l'ignorance et l'esprit rétrograde du plus grand nombre.

Instruction publique.

En jetant les yeux sur le budget espagnol de 1904, dont le total monte à près d'un milliard de pesetas, on est frappé de suite du peu d'importance accordée à l'instruction publique dont la part est de 45 millions de pesetas, soit environ 35 millions de francs au change actuel ; l'instruction publique reste comme les années précédentes, suivant l'expression du publiciste Navarro, « la Cendrillon » de ce budget.

Il importe d'ailleurs de savoir qu'avant qu'une loi très récente ait fixé à 500 pesetas le minimum de solde de tout instituteur, les statistiques officielles faisaient voir : que, pour 22,654 écoles, 7,701 maî-

tres touchaient au plus 500 pesetas par an ; que les appointements
de 3,969 autres ne dépassaient pas 275 pesetas ; 434 émargeaient
pour un maximum annuel de 100 pesetas ; quelques-uns enfin n'en
percevaient que 45 pour toute une année ! Que dire d'une situation
pareille, à peine croyable, lorsqu'on songe que la peseta, aujour-
d'hui, vaut environ 75 centimes ! Comment ces maîtres sont-ils d'ailleurs préparés ? Deux années d'études théoriques, de longs exercices
de mémoire et enfin le concours donnent sans doute droit à des
soldes de 45 pesetas par an, mais sont bien insuffisants pour créer
des éducateurs.

J'ai déjà parlé du beau discours prononcé au Congrès, le 12 décembre 1903, par D. Melquiades Alvárez. J'en citerai encore ce passage :

« Il faudrait constituer, comme on l'a fait en France, un conseil
supérieur de l'instruction publique, investi par les Cortés de pouvoirs
étendus en matière d'enseignement..... il faudrait créer des cantines
scolaires, ne serait-ce que par charité ; combien d'enfants, ne pou-
vant revenir chez leurs parents entre deux classes, vont mendier un
morceau de pain aux portes des églises?.... Vous voyez bien qu'il
faut de l'argent ; et, au lieu de le donner, vous vous entêtez à présenter ce budget mesquin !..... L'organisation actuelle des Universités est si défectueuse que les élèves en sortent sans avoir rien
appris..... dans les monarchies absolues, on se préoccupait de l'éducation du prince qui devait disposer du pouvoir ; dans les démocra-
ties modernes, c'est le peuple qu'il faut d'abord instruire. »

D. Melquiades Alvárez s'exprimait en connaissance de cause, car
il est professeur à l'université d'Oviedo. Pour ma part, je connais les
cours de celle de Valence, particulièrement ceux d'histoire et de littérature. Je garde un souvenir reconnaissant à ceux qui m'en ont facilité l'accès et rends hommage à l'amabilité que j'ai rencontrée. Mais
puis-je oublier ces séances où, pendant plus d'une heure, devant
des jeunes gens de 15 à 20 ans, rarement attentifs, un professeur à
la toque et au camail archaïques commentait avec de minutieux
détails, l'histoire évidemment incertaine d'un roi goth? Puis-je
oublier quel était le niveau vraiment enfantin du cours d'analyse
mathématique? Puis-je oublier enfin qu'un matin, à la stupéfaction
générale, les étudiants en médecine de la même université ont lu, à
la porte de leur faculté, un avis du doyen les prévenant que, les crédits ne permettant plus l'entretien du personnel subalterne, malgré

des réclamations successives à l'autorité supérieure, la salle de dissection et le laboratoire seraient désormais fermés !

Je dois ajouter qu'après échange de télégrammes avec Madrid les salles furent rouvertes le lendemain. Mais imaginerait-on qu'un fait semblable pût se produire dans la grande ville qui, par sa population, est la troisième de l'Espagne ?

A propos des universités, je citerai encore le fait suivant que fait ressortir le détail de l'instruction publique ; il est de nature à montrer combien il faut, combien il faudrait de bonne volonté pour travailler en Espagne : pour le matériel scientifique, chaque faculté des sciences touche en moyenne, par an, 1000 pesetas ; à Madrid par exemple, la faculté des sciences compte quatre sections : chimie, physique, histoire naturelle, mathématiques ; et, comme la section des sciences chimiques a six laboratoires : « chimie générale, organique, inorganique, mécanique chimique, analyse chimique et analyse chimique spéciale », chacun de ces laboratoires se trouve réellement doté de 50 pesetas par an, soit, à parler plus net, d'une quarantaine de francs, car tout le matériel scientifique vient de France.

Le tableau officiel du budget en cause nous apprend donc que l'État consacre au matériel d'enseignement de la chimie, dans ses universités, une somme qui varie de 1900 à 2,300 francs par an.

Ces chiffres donnent une idée de ce que sont, malgré les efforts patriotiques de beaucoup de professeurs actuels, les dix universités de Madrid, Grenade, Santiago, Séville, Valence, Valladolid, Saragosse, Oviedo, Barcelone, Salamanque ; les députés provinciaux des trois dernières de ces villes, devant un tel état de choses, ont voté des budgets spéciaux pour leurs universités.

Marine.

J'eusse été naturellement porté à faire une étude détaillée de la marine espagnole si, en tant que bâtiments, cette marine eût existé. Elle a été presque détruite en 1898 et ne s'est guère relevée. Quelques croiseurs et avisos font quelques milles, à longs intervalles, aux environs des trois ports militaires : La Carraca (Cadix), le Ferrol et Carthagène ; ils sont même censés quelquefois appareiller pour des écoles à feu ; mais il est visible qu'il n'existe dans cette marine aucun entraînement.

Le corps des officiers de vaisseau est nombreux, comme tous les corps d'officiers espagnols, et, en général, d'un bon niveau d'instruction ; les amiraux sont souvent des hommes très instruits, parlant volontiers des questions de métier, faisant montre de connaissances maritimes et militaires étendues ; le défaut ou le mauvais état de leur matériel les afflige et leur bon vouloir, souffre d'une inaction forcée. La correspondance officielle de l'amiral Cervera, avant et après le désastre de Santiago, est extrêmement intéressante et apprend beaucoup sur le matériel qui, de 1898 à 1904, ne s'est pas sensiblement amélioré.

En ajoutant à cette lecture celle du livre anecdotique de D. Francisco Arderius intitulé : « La Escuadra española en Santiago », on peut se faire une idée exacte de la valeur matérielle et morale de la marine du royaume.

A l'heure actuelle, au point de vue spécial du matériel, presque tout est à modifier ou à créer... et d'abord, peut-être, importerait-il de faire aboutir une voie ferrée à l'admirable port militaire du Ferrol qui, jusqu'à ce jour, n'en possède pas !

La question maritime commence à préoccuper les Cortés. Déjà, au mois de novembre 1903, le Ministre de la marine du cabinet Villaverde exposait pour la première fois un plan complet de création et d'organisation d'une flotte ; celle-ci devait comprendre deux divisions, l'une en réserve pendant quatre mois dont trente jours à la mer, armée le reste de l'année ; l'autre, toujours en réserve, se réunirait parfois à la première pour des exercices.

L'école navale devait, de la frégate « Asturias » mouillée au Ferrol, être transportée à terre.

Lorsque, le 5 décembre 1903, le cabinet Maura prit le pouvoir, il déclara que la reconstitution d'une flotte faisait partie intégrante de son programme. Le capitaine de vaisseau de 1re classe D. José Ferrándiz quittait la direction du matériel et prenait le portefeuille de la marine.

Le projet qu'il apportait, inconnu d'ailleurs, était, au dire des journaux officieux, très grandiose ; le président du conseil lui-même y avait travaillé ; on parlait de crédits énormes, d'une flotte nombreuse.

L'opinion, désireuse de voir réparer posément les derniers désastres, s'alarma à juste titre.

Une série d'articles dus à un officier général du génie, D. Ramiro de Bruna et au docteur Madrazo, tous deux d'une compétence reconnue, avaient fait beaucoup de bruit; la conclusion de leur « Étude sur la question de l'Escadre » était celle-ci : « Dans ses conditions actuelles de pauvreté, l'Espagne aura-t-elle la folie de prétendre posséder une escadre?... Va-t-elle tomber dans une telle erreur par suite de la cécité dangereuse de ses gouvernants ? »

Les Cortés se passionnèrent pour cette question de la flotte que le ministère promettait officieusement imposante et ruineuse.

L'opinion publique, ou d'autres raisons, modifièrent complètement le projet Ferrándiz-Maura ; et lorsque le ministre, le 25 janvier 1904, en eût lu aux Cortés la teneur définitive, ce fut une stupéfaction générale et, dans la presse, un éclat de rire. Il n'était plus question de cuirassés de quatorze mille tonnes, de croiseurs à grand rayon d'action ; le projet avait une portée très modeste. En voici la traduction, dans ses paragraphes importants :

— A partir du 1ᵉʳ janvier 1905, les services seront réorganisés et les travaux conduits de la façon suivante :

Art. Iᵉʳ. — 1º Un état-major central de la flotte préparera la défense navale ; quelques membres de l'état-major de l'armée en feront partie.

2º Cet état-major éprouvera et recevra le matériel de la flotte et de la défense côtière, aura sous ses ordres tout le personnel naval et passera tous les marchés.

3º Une direction générale des constructions sera chargée des études en projet.

. . . .

5º Une direction de la navigation, des pêches et industries maritimes assumera les responsabilités actuellement éparses dans plusieurs ministères et relatives à cet objet.

. . . .

8º Un corps d'infanterie de marine à trois régiments.

9º L'état-major de la flotte, d'accord avec celui de l'armée, proposera une division militaire du littoral et déterminera les bases d'opérations ; chacune de ces bases sera sous l'autorité d'un amiral.

. . . .

11º Les ministères de la guerre et de la marine s'entendront pour faire construire dans le même établissement leur matériel d'artillerie... Les chantiers de l'Etat se partageront les travaux de construction et de réparation. On fera appel à l'adjudication en cas de nécessité, en exigeant que les adjudicataires soient de nationalité espagnole.

. . . .

Art. V. — Les états-majors centraux de la flotte et de l'armée prépareront les plans de campagne; dans les limites du budget, l'état-major central de la flotte proposera les constructions et marchés qu'il jugera nécessaires.

Art. VI. — Dans l'espace de trois ans, à partir du 1er janvier 1905, les travaux suivants devront être terminés :

Au Ferrol : Forme de radoub de 15,000 tonnes ; dragage de la Darse ; usine électrique, dépôts et quais d'embarquement de charbon, magasins de munitions, bassin pour torpilleurs, six chalands à charbon, deux à munitions, deux citernes à vapeur.

Total : 9,800,000 pesetas.

A Carthagène : Usine électrique ; dépôt de charbon ; une citerne à terre ; dépôt de munitions ; bassin pour torpilleurs, deux citernes flottantes.

Total : 1,680,000 pesetas.

A la Carraca (Cadix) : Terminer la nouvelle forme et la forme n° 2; quai et dépôt de charbon ; citerne à terre ; magasins à munitions ; bassin pour torpilleurs ; pont pour la circulation dans l'arsenal ; un remorqueur ; deux citernes flottantes.

Total : 4,890,000 pesetas.

Défenses fixes : 786,621 pesetas.

Défenses mobiles : un torpilleur submersible de 100 à 110 tonnes, douze torpilleurs de 150 tonnes.

Total : 15,000,000 de pesetas.

Services auxiliaires : un navire mixte école des cadets, dix canonnières garde-pêches.

Total : 6,500,000 pesetas.

Total général : 38,686,621 pesetas.

En faisant cette traduction, je ne me suis pas dissimulé le peu d'intérêt qu'elle présente. Toutefois, il est curieux de constater tout ce qui manque aux arsenaux espagnols. Au Ferrol, j'ai eu plusieurs fois l'occasion de m'en rendre compte *de visu*.

Voilà donc à quoi s'est réduit le « Proyecto de la Escuadra » dont on avait, un mois durant, tant parlé. A quelques députés qui lui faisaient part de leur déception, D. José Ferrándiz répondit : « Si, pendant ces trois premières années, le pays paraît disposé à continuer l'œuvre commencée, on pourra risquer de lui demander les 300 millions de pesetas qu'il nous faudra. »

La marine espagnole se montra en général peu satisfaite d'avoir impatiemment attendu un projet de loi qui, pour ainsi dire, se réduisait à rien. L'amiral Beránger, président du comité consultatif de la marine, alla même jusqu'à témoigner violemment son dépit dans les colonnes de « l'Heraldo » ; il y déclarait sans ambages que « le ministre actuel était le pire ennemi de la marine ».

Le 30 janvier, l'amiral Beránger était relevé de ses fonctions de président du comité consultatif. Cette mesure souleva des difficultés : d'une part, l'amiral de la flotte étant de droit président de ce comité, par le seul fait de son amiralat, il fallut que le ministre fît signer au roi, après coup, un décret modifiant la loi en vigueur et disposant que cette présidence serait exercée dans l'avenir par un vice-amiral ; ce vice de forme produisit mauvais effet ; d'autre part, en même temps qu'amiral de la flotte, l'amiral Beránger est sénateur du royaume ; étrange organisation qui lui permit, le 1er février, d'attaquer le ministre au Sénat. Ce ne fut d'ailleurs qu'une escarmouche et la mesure fut maintenue.

Le 23 février, comme amiral de la flotte, le même officier exposa, devant la commission compétente du Congrès, son opinion sur le projet de loi Ferrándiz pour 1905, projet que j'ai résumé plus haut. Au nom de la marine entière, et non sans raison, d'après les opinions que j'ai pu recueillir, il se montra en désaccord complet avec le ministre ; il déclara que le nouvel état-major central ne pouvait pas fonctionner ; que la division actuelle du littoral, au point de vue de la défense, lui semblait parfaite et n'était pas à modifier ; qu'enfin les espérances conçues par la marine et par l'opinion devant le beau programme naval dont le ministère s'était proclamé le champion, étaient brutalement frustrées...

Le dépit des marins espagnols s'explique ; beaucoup d'entre eux attendent à demi-solde un embarquement ou un emploi ; ils sont nombreux et il n'existe pour ainsi dire pas de bâtiments ; le budget général ne peut pas faire pour eux de plus grands sacrifices que ceux qu'il consent. Comment une pareille situation ne serait-elle pas pénible ? D'autre part, l'Espagne pouvait-elle faire mieux que le projet Ferrándiz ? Je citerai à ce propos l'opinion émise en juin 1903, par D. Antonio Garcia Alix, ancien ministre, membre du conseil de la marine. Elle m'a paru sensée, empreinte d'un patriotisme entendu ; celui qui l'a consignée dans le bulletin officiel de la « Junta de Escuadra » jouit, dans les questions maritimes, d'une vraie notoriété. Voici le résumé de cette page :

« L'Espagne ne peut prétendre à construire prochainement une escadre de combat, mais seulement à posséder quelques éléments qui serviraient de base plus tard, en admettant que le Trésor le permît, à un développement naval plus sérieux. Elle ne peut même

pas avoir une escadre capable, le cas échéant, de faire respecter sa
neutralité. Posséder quelques navires, quelques ports à offrir à
l'occasion à une nation alliée, afin de ne pas rester isolée et inac-
tive en cas de combinaisons politiques possibles, voilà tout ce à
quoi elle peut aujourd'hui prétendre. D'ailleurs, construire des
navires de guerre de plus de 12,000 tonnes, étant donné la profondeur et l'aménagement de ses arsenaux, serait de la démence.
Demander un crédit supplémentaire aux Cortés ne serait pas sage ;
il faudrait diviser le budget maritime en dépenses ordinaires et
extraordinaires qui permettraient d'entretenir seulement le matériel
existant dans les ports et de faire quelques commandes à l'étranger.
L'un des arsenaux de l'État devrait être consacré aux constructions
neuves et ses chantiers confiés à l'industrie ou même à l'étranger.
Carthagène serait seulement un port de carénage et de réparation.
Faire plus pour la marine serait, dans ce moment, dépasser de
beaucoup nos moyens. »

L'année politique.

D'OCTOBRE 1903 A AVRIL 1904.

L'Espagne est un royaume constitutionnel régi par la constitution
de 1876. Le roi, assisté de ministres responsables, a le pouvoir exécutif ; le pouvoir législatif est entre les mains des Cortés, composées
de deux Chambres : le « Sénat », qui comprend des membres de
droit, des membres nommés à vie par le roi et des membres élus
pour cinq ans par certaines corporations et par les citoyens les
plus imposés ; la Chambre des députés ou « Congrès », élue pour
cinq ans par les citoyens âgés de 25 ans et domiciliés depuis deux
ans. Cette universalité du suffrage existe depuis 1890.

Chacune des quarante-neuf provinces a un gouvernement local
très indépendant, la « Diputacion provincial », presque souverain
pour les affaires provinciales. Les élections municipales se font au
suffrage universel ; le choix de l'alcalde ne revient pas à « l'Ayunta-
miento » (conseil municipal), mais au gouvernement.

Cánovas del Castillo et Sagasta ont été à tour de rôle chefs du ministère pendant la période dite de « restauration » ; tous deux monarchistes, bien entendu, mais le second beaucoup plus progressiste que le premier.

Sagasta a créé le parti « libéral » ou monarchique-démocrate. A la fin de l'année 1903, la question s'est posée, dans ce parti, de choisir un chef ; il y a eu compétition entre M. Moret et M. Montero Ríos, discussions violentes, enfin rupture du parti.

M. Francisco Silvela, successeur de Cánovas, a groupé le parti conservateur dont il a exercé la « jefatura » ; de concert avec M. Villaverde, après les désastres de 1898, il a pu éviter la banqueroute et même créer un *superavit*. Autour de lui ont émergé de bonne heure les *futurs* leaders du parti, Villaverde, Dato, Maura.

Or, en octobre 1903, M. Silvela a nettement déclaré qu'il renonçait à la politique active. M. Villaverde, alors président du conseil, n'était pas sans inquiétude : l'état du parti « libéral », désagrégé devant la vive opposition des républicains, le poussa à se démettre en décembre.

Si les libéraux s'étaient trouvés réunis à ce moment sous le même chef, peut-être eussent-ils été appelés au pouvoir qu'ils ont déjà occupé. Cela est fort peu probable cependant. En tout cas, ils se trouvaient désarmés.

C'est ainsi qu'au mois de décembre dernier, le choix d'Alphonse XIII pour la présidence du conseil se porta assez naturellement sur M. Maura.

Don Antonio Maura appartient au groupe des ultra-cléricaux ; c'est un orateur extrêmement habile et éloquent ; son caractère particulièrement autoritaire et intransigeant lui a créé beaucoup d'ennemis ; ses actes ont fréquemment l'allure de provocations. Mais, si la pondération lui fait défaut, l'énergie et la volonté sont loin de lui manquer.

Le gouvernement Villaverde voulait avant tout créer une base financière solide en vue du futur développement de l'Espagne ; moins réfléchi et moins modeste peut-être, le ministère Maura semble devoir être moins fructueux.

M. Villaverde n'a d'ailleurs pas quitté la scène politique. D. Francisco Silvela se réserve peut-être, en homme très fin, d'y reparaître un jour. A la réception du 1er janvier dernier au palais royal, le roi lui dit à haute voix un mot qui fut très commenté : « Je vois avec plaisir que, bien que mort à la politique, vous n'oubliez pas les vivants. »

*
* *

L'année politique 1903, avec ses quatre crises, a été stérile. On a beaucoup parlé, on s'est beaucoup agité, mais le résultat utile ne s'est pas fait voir. Aucune question n'a été poussée à fond, tout est demeuré à l'état d'espérances. L'état du budget de 1904, publié par la *Gaceta*, ne fait ressortir aucun progrès sur les années précédentes.

Ce budget n'était d'ailleurs pas l'œuvre du cabinet Maura, qui n'avait pris le pouvoir qu'en décembre.

Le premier acte du nouveau cabinet fut un ordre général de suspension des travaux d'établissement et de réparation des chemins vicinaux. Le ministre de l'agriculture, M. Allendesalazar, considéra qu'il ne possédait pas les crédits nécessaires pour continuer ces travaux, pourtant votés par les Chambres.

Il faut connaître le mauvais état de presque toutes les routes espagnoles pour comprendre les conséquences de cette mesure ; il n'est pas rare de voir les plus grandes voies nationales complètement impraticables ; aucune route française, d'autre part, ne peut donner l'idée de ce que sont en Espagne les rares voies de petite communication. Le télégramme de M. Allendesalazar aux nombreuses provinces intéressées laissait isolés des grandes routes plusieurs milliers de villages ; les agriculteurs perdaient l'espoir longtemps caressé de pouvoir enfin écouler plus aisément leurs récoltes ; au cœur de l'hiver, une armée d'ouvriers se trouvaient brusquement sans travail.

Un nouvel acte du gouvernement souleva une protestation plus grande encore : le P. Nozaleda, ancien archevêque de Manille, fut désigné pour le siège archiépiscopal de Valence.

La situation officielle du clergé catholique est considérable en Espagne ; en toutes circonstances, la nation se fût intéressée à la succession d'un archevêque. Dans le cas actuel, une grande partie de la presse se révolta, accusant le P. Nozaleda de n'avoir pas fait tout son devoir de patriote à l'époque des désastres des Philippines et d'avoir provoqué la cessation prématurée des hostilités. Les mêmes journaux déclaraient que l'acte du ministère était une véritable provocation au pays et, comme on dit fréquemment en Espagne, un acte de « caciquismo » insupportable, d'absolutisme révoltant.

Le gouvernement et la majorité s'indignèrent de ces affirmations. Les accusations, dirigées d'abord uniquement contre le P. Nozaleda, ayant été suivies d'attaques très violentes contre la religion elle-même, les prélats espagnols, sous la présidence de l'archevêque de Tolède, protestèrent officiellement contre de telles conséquences et défendirent avec énergie le passé du père dominicain.

Au Congrès, l'éloquence adroite du président du conseil tint tête à de terribles attaques; M. Maura fit de la question Nozaleda une question de cabinet; une crise semblait imminente.

De véritables désordres se produisirent et durèrent une grande partie du mois de janvier. Chaque soir, dans toutes les villes de quelque importance, et surtout à Madrid, les minorités se réunissaient en meetings, où éclatait une extrême violence, et qui furent suivis d'importantes arrestations. Plusieurs théâtres furent fermés, où le public réclamait tous les jours des acteurs quelques couplets contre le ministère.

L'acceptation de Rome devant tarder quelques mois encore, les esprits se détournèrent un peu, vers la fin du mois, de la question Nozaleda. D'ailleurs, une date importante approchait : le 11 février, jour anniversaire de la proclamation de la République espagnole, beaucoup de manifestants, dont trois députés, furent arrêtés ; sur la voie publique, la police et les troupes mirent sabre au clair. La veille au soir, tous les journaux avaient publié et commenté une circulaire ministérielle très sévère contre la propagande républicaine; jamais d'ailleurs, depuis bien des années, cette propagande n'avait été aussi active.

Une autre grave question préoccupait l'opinion et le Congrès : depuis le mois de décembre, la politique financière Villaverde était abandonnée; le prix du franc avait monté peu à peu jusqu'à atteindre 1,38 et 1,40 peseta; il s'y maintenait, alors que la peseta devrait être au pair du franc. Les valeurs relatives des deux monnaies importent au plus haut degré à l'Espagne, qui reçoit presque tout de notre pays ou par son intermédiaire. La dépréciation de la peseta, la baisse de son change, c'est la misère et la faim pour un grand nombre d'Espagnols.

Le comte de Romanones, député libéral, voulut proposer d'ur-
gence au Congrès, le 9 février, la discussion des moyens propres à
relever le change extérieur. Le président du Congrès, M. Romero
Robledo, d'accord avec le cabinet, s'opposa à la lecture de la pro-
position Romanones et leva la séance; le lendemain, toutes les
minorités coalisées tentèrent d'obtenir contre le président du Congrès un vote de censure; mais leurs 84 voix échouèrent contre
les 151 de la majorité ministérielle. Le ministère annonça qu'il
allait s'occuper de la question du change; et, en effet, dans le courant du mois, M. Osma, ministre des finances, superposa au projet
Villaverde, déposé depuis longtemps, un programme qui parut abso-
lument incomplet et inefficace.

En même temps, l'agitation républicaine continuait; pendant
plus d'une semaine, le Congrès fut entouré de manifestants et de
forces de police. Le 26 février, au milieu d'un grand déploiement
de forces, de « guardias civils » et de gardiens de la paix, la mul-
titude entonna la *Marseillaise* sur la « Puerta del Sol », place cen-
trale de Madrid.

Le 28, alors que le Congrès discutait des crédits supplémentaires
demandés par le cabinet en vue de mouvements de troupes et de
dépenses extraordinaires pour l'armée, M. Villaverde prononça un
discours substantiel et énergique; il déclara que le programme éco-
nomique, autrefois reconnu urgent, se trouvait abandonné par le
ministère Maura; que le rapport de la commission était « l'épitaphe
de ses travaux », qu'il n'était pas le « monomane du relèvement du
change » mais le patriote qui ménageait la sécurité future de son
pays. Il combattit les crédits supplémentaires dont la discussion
était pendante, se sépara de la majorité ministérielle, vota contre
ces crédits, que vingt-cinq voix seulement accordèrent au cabinet.

M. Maura avait déclaré qu'une majorité d'une seule voix suffirait
à l'encourager, ce jour-là et dans l'avenir, quelles que fussent les
circonstances, à continuer de gouverner suivant sa propre inspiration.

La misère augmentait toujours, à Alicante, à Malaga, mais surtout
dans les provinces froides où la vie est dure. « Ce n'est pas, disait
le député Alba, que le pain soit cher; il ne dépasse pas 30 centimes
de peseta; mais celui qui est resté tout un hiver sans travail ne possède pas ces 30 centimes, voilà la vérité. »

A Valladolid, capitale de la Vieille-Castille, la situation eut de lamentables conséquences ; le 8 mars, la manifestation de la misère fut un véritable soulèvement ; la « guardia civil » tira sur la foule ; il y eut de nombreux blessés et un mort.

Bien d'autres troubles, presque toujours dus à la misère, agitèrent de décembre à la fin de mars la vie intérieure espagnole ; il semblait que le ministère vécut dans une atmosphère de crise perpétuelle. Il se maintenait pourtant grâce à l'habileté indéniable de son chef qui, d'ailleurs, venait de prendre une importante décision dont l'opinion s'émut de suite, celle de faire parcourir la Catalogne au roi Alphonse XIII.

LE VOYAGE DU ROI EN CATALOGNE.

Le 5 avril, Alphonse XIII quitta Madrid pour accomplir un long voyage en Catalogne, aux Baléares, aux possessions marocaines, en Andalousie.

A mesure qu'approchait la date du départ, l'attente du public se faisait de plus en plus fiévreuse ; on ne parlait pas d'autre chose ; et il faut réconnaître que la passion politique cédait le pas à l'enthousiasme espagnol mêlé de beaucoup d'inquiétude. Ce voyage avait en effet un seul but très clair : affirmer l'étendue effective du pouvoir central sur tout le territoire.

Déjà, le jeune roi avait été l'objet de chaleureux accueils dans les provinces qu'il avait parcourues, soit pour aller en Portugal, soit pour rencontrer l'empereur Guillaume à Vigo, soit enfin dans les Castilles et en Aragon. Mais comment la Catalogne allait-elle le recevoir ? Comment aussi accueillerait-elle le président du conseil ?

La Catalogne ne ressemble à aucune autre province espagnole ; elle est aussi laborieuse que les autres le sont peu. Nul n'ignore les graves mouvements séparatistes ou, tout au moins, régionalistes dont la province catalane a été le théâtre. Barcelone est une ville magnifique, toute moderne, toute donnée au travail et au progrès ; il semble comme on l'a dit souvent, qu'elle n'est pas en Espagne.

En 1888, la régente Marie-Christine s'y rendit à l'occasion d'une exposition. Mais depuis, la couronne s'était toujours tenue éloignée de cette province qui lui paraissait très hostile, que le reste de la nation regardait avec beaucoup d'envie et un peu de rancune. J'ai passé, au début de mon séjour, un mois à Barcelone ; et que de fois ai-je entendu dire, au sujet des déplacements futurs du jeune roi : il ne se risquera pas à venir ici.

L'inquiétude eût été moindre si le président du conseil n'eût dû accompagner le souverain ; c'était M. Maura surtout qu'un mauvais accueil semblait menacer ; ne courait-on pas à un triste échec ?

La décision prise par M. Maura et par Alphonse XIII sembla donc généralement téméraire ; aucun ministère n'avait encore osé la prendre malgré les conséquences heureuses qu'elle pouvait entraîner. Elle paraissait porter la touche de l'esprit provocateur du chef de cabinet ; l'attente publique était faite d'autant de malaise que de curiosité.

Ce voyage fut pour le pouvoir un succès. Les minorités politiques observèrent d'ailleurs une complète réserve. Barcelone fut violemment émue pendant quelques heures, par le premier attentat dirigé contre M. Maura qui reçut en voiture, le 11 avril, un coup de poignard sans conséquences graves de l'anarchiste Joaquín Artal.

Le roi demeura à Barcelone du 6 au 19 avril, parcourant toute la province, visitant les villes et les bourgs. La presse fut unanime à constater que la réception faite à Alphonse XIII se trouvait être beaucoup plus sympathique qu'on n'eût osé s'y attendre.

La mort de la reine Isabelle II ne modifia pas l'itinéraire du voyage. Quand le yacht royal *Giralda* emporta le roi aux Baléares, le pas difficile était franchi ; M. Maura avait éliminé du problème une inconnue : la Catalogne n'était vraiment pas aussi hostile au pouvoir central qu'on l'avait supposé.

Toutefois, une partie de la presse ministérielle exprima la crainte que l'on ne vit, dans un prochain avenir, les antiques ferments d'indépendance fructifier de nouveau à la faveur des concessions toutes spéciales que le gouvernement accordait aux Catalans. « Jamais », avait dit M. Maura, dans une très importante réunion présidée par le roi, « jamais les sentiments régionalistes n'ont pu nuire au sentiment patriotique. Si le contraire a semblé vrai dans des heures de fièvre, l'accueil que le roi reçoit ici montre que cette époque a vécu... celui qui aime son clocher se prépare à aimer sa patrie. »

De telles paroles, la suppression des entraves qui, jusqu'à présent, gênaient l'emploi de la langue catalane, ont paru imprudentes. Les

Catalans les ont accueillies avec joie ; elles leur faisaient entrevoir la possibilité de jouir bientôt d'un régime tout particulier et de posséder un code de « fueros », de droits catalans, analogue à celui que les provinces basques ont conservé depuis les guerres carlistes.

Un nouvel essor du régionalisme catalan pourrait donc bien être, tout compte fait, la plus importante conséquence du voyage du jeune roi. Mais le séparatisme semble moins à redouter qu'autrefois. Avant même l'arrivée du souverain à Barcelone, la « Ligue régionaliste catalane » avait déclaré qu'elle ne prendrait aucune part aux fêtes préparées par la grande ville et publié un manifeste qui contenait ces mots : « Nous profitons de ce que l'Espagne a les yeux fixés sur la Catalogne pour affirmer qu'à notre avis il importe de reconstituer l'État espagnol sur ses bases naturelles et de reconnaître aux diverses nationalités le droit de se gouverner elles-mêmes et d'être autonomes, le gouvernement central n'ayant à veiller qu'à la conservation des liens intérieurs et au développement de la puissance extérieure.»

Après la réception des maires, un conseiller municipal catalaniste, M. Cambó, demanda et obtint l'autorisation de parler devant le roi ; voici quelques phrases de son discours : « Ne croyez pas, pour l'avoir vue vêtue de gala, que Barcelone soit heureuse..... elle se heurte à chaque instant aux lois centralisatrices qui brisent son énergie, comme autrefois ses vieilles murailles s'opposaient à son extension... tout notre immense et magnifique quartier neuf a été construit parce que nous avons tourné la loi, nous vivons constamment hors la loi afin de pouvoir sauver les intérêts de notre ville. Nous souhaitons donc la liberté et l'autonomie..... nous demandons au roi d'être le premier à nous aider dans cette tâche. »

MAI ET JUIN 1904.

La fête du 1er mai a revêtu cette année, en Espagne, un caractère tout particulier et d'une grande importance ; presque tous les ateliers ont chômé, les journaux n'ont pas paru. A Madrid, au milieu du plus grand calme, une immense phalange ouvrière s'est réunie au parc du Retiro pour écouter des discours, et le président du conseil a reçu une délégation qui lui a exposé les inquiétudes du peuple en face de la cherté croissante des vivres.

Cette question primordiale, qui résulte en grande partie de la dépréciation de la monnaie espagnole, et le problème du Maroc, semblaient devoir être pour le cabinet les deux grosses difficultés de la session qui allait s'ouvrir.

En attendant la date encore incertaine de réouverture des Cortès, l'émotion soulevée par la terrible explosion de grisou des mines de la Réunion, près de Séville, catastrophe qui fit cinquante-six victimes; la longue grève des mineurs suivie de celle des employés de la compagnie des chemins de fer du Midi; la préparation des budgets; le retour à Madrid du roi Alphonse XIII auquel sa capitale, assez froide d'ordinaire, fit un chaleureux accueil aux cris de : « Vive le roi démocrate! », occupèrent l'opinion pendant la première quinzaine de mai.

En réalité, sous la menace des difficultés qui paraissaient devoir surgir, une concentration tentait de s'élaborer dans le parti conservateur sous l'égide de M. Maura. Depuis le départ de M. Silvela, la droite était divisée; les uns, disait-on, recevaient le mot d'ordre de personnages volontairement effacés, comme M. Pidal y Mon, ou d'actifs et bruyants députés comme M. Nocedal; d'autres voulaient respirer avec plus d'indépendance et désapprouvaient même publiquement l'attitude de leurs collègues sur plusieurs points importants.

Tous les partis éprouvaient le besoin de se compter; aussi la fin de mai fut-elle marquée par de nombreux discours.

*
* *

M. Pidal et le marquis del Valdillo en ouvrent la série; à l'Académie des sciences morales, ils affirment tous deux avec la plus grande énergie la prédominance du pouvoir religieux sur le pouvoir civil. De son côté, M. Silvela, ancien chef du parti conservateur, déclare nettement le contraire à la « Société des Beaux-Arts ». Une scission discrète s'affirme dans le parti et l'on convient de remettre à plus tard le vote de la « jefatura » pour laquelle M. Maura avait paru immédiatement désigné.

Le 20 et le 22 mai, aux « Jeux floraux » de Séville, puis à un meeting dans la même ville, c'est D. Melquiades Alvárez qui défend les idées républicaines avec son admirable talent et fait l'apologie des opinions modérées et de « l'ordre avant tout ».

A Cordoue, le 21, à la fête des « libéraux démocrates », partisans de M. Montero Ríos, le duc de la Vega y Armijo et surtout M. Canalejas, récoltent les applaudissements enthousiastes d'une foule immense.

Le lendemain, le député D. Juan Mella préside, près de Bilbao, un grand banquet carliste, tandis que M. Lerroux, député républicain de Barcelone, prêche la révolution à Ségovie, sur un ton qui ne rappelle guère celui de D. Melquiades Alvárez, membre comme lui de l' « Union républicaine ».

Un seul groupe n'avait pas, jusqu'alors, exposé ses doctrines et montré son attitude : le groupe monarchiste libéral des partisans de M. Moret.

M. Montero Ríos, son rival au sein du parti des libéraux, après les discours de Cordoue, avait réclamé l'union du parti tout entier pour résister à la concentration évidente des conservateurs. Qu'allait répondre D. Segismundo Moret?

La réunion des libéraux « sans épithète » eut lieu le 28 mai au théâtre du Buen Retiro. Le comte de Romanones et M. Moret y prirent la parole. Voici quelques phrases du discours de ce dernier :
« Moi aussi, je veux vous dire, comme l'a fait le comte de Roma-
« nones, que la lutte est de plus en plus claire, l'ennemi chaque
« jour plus connu ; et même, certaines velléités d'opposition au
« ministère s'étant dissipées par le départ pour l'étranger de celui
« qui laissait planer, comme un spectre au-dessus du Congrès, son
« plan d'assainissement de la monnaie (allusion à la villégiature à
« Biarritz de M. Villaverde)... M. Maura reste le seul ennemi, nous
« n'avons que lui en face de nous... Il faut que le parti libéral
« monarchiste se groupe pour le combat... pour moi, votre chef, je
« garde le dépôt que vous m'avez confié ; l'union est nécessaire
« sans doute ; mais nous ne voulons pas accepter d'humiliation... »

Le même jour avait lieu la réouverture des Chambres ; M. Maura se trouvait plus fort que jamais en face des partis divisés.

*
* *

A tous les points de vue, d'ailleurs, la nouvelle session s'annonçait peu fructueuse ; trente ou quarante séances, au maximum, la rempliraient. Le gouvernement proposa deux séances par jour ;

mais, à celles du matin, il ne vint presque personne et le Parlement ne siégea que dans l'après-midi. En outre, vers le 15 juin, la chaleur de Madrid devient insupportable et l'exode commence vers Saint-Sébastien, où se rend la Cour, ou vers la fraîcheur des montagnes d'Asturie. Dès le 30 mai, bien des fauteuils des Chambres étaient déjà désertés.

Les budgets avaient été, pendant les derniers jours, hâtivement terminés par le cabinet. Le gouvernement annonçait de très importantes réformes et semblait tenir surtout au projet d'impôt sur les alcools qui devait permettre la suppression des droits d'entrée sur les farines et qui, d'ailleurs, devait donner lieu à d'ardents débats. Pour tout le reste, en réalité, on sentait que rien ne changerait : ni la « Casa de Aduana », temple fermé aux rites intangibles où s'élaborent en Espagne les divers tarifs intérieurs, en particulier ceux des « consumos, octrois » qui empêchent de vivre la grande majorité de la population et provoquent presque chaque jour des soulèvements auxquels le gouvernement, suivant l'expression consacrée, oppose la « politique du maüser » ; ni le change de la peseta ; ni les innombrables entraves que la loi espagnole apporte au travail industriel, au fonctionnement de la justice... toutes ces difficultés financières, commerciales ou sociales continueraient, comme une muraille infranchissable, à barrer la route au progrès du peuple espagnol.

*
* *

Le député Gil Robles fut le premier à interpeller sur la question du Maroc ; le cabinet évita de répondre. Mais, le 3 juin, sur une question de M. Nocedal, le chef du gouvernement s'exprima avec une extrême réserve, dans un langage magnifique dont le patriotisme et la dignité enthousiasmèrent la grande majorité du Congrès.

Les libéraux intervinrent le 7 juin sur le même sujet ; ils apportaient des affirmations auxquelles M. Maura ne pouvait se dispenser de répondre. Le comte de Romanones parla le premier ; puis le duc d'Almodóvar, ancien ministre, souleva une question grosse de conséquences : il exposa les inquiétudes que lui inspirait, pour l'Espagne, le traité franco-anglais et, très au courant des travaux du dernier ministère libéral, posa la question suivante au cabinet : « A l'époque où M. Sagasta quittait le pouvoir que M. Silvela prenait

5

avec les conservateurs, il existait un projet de traité avec la France qui nous eût été extrêmement favorable ; pourquoi les conservateurs l'ont-ils abandonné et se sont-ils rendus responsables de la situation présente ? »

Le ministre d'État déclara ne pouvoir répondre tant que les négociations entre Paris et Madrid restaient pendantes. Mais, deux jours après, D. Nicolas Salmeron ayant attaqué le cabinet sur toutes les questions de politique intérieure et extérieure, M. Maura prit la parole et déclara que le cabinet conservateur Silvela avait dû abandonner le projet des libéraux, parce qu'un tel projet aurait eu, pour l'Espagne, des suites « terriblement dangereuses ».

Ce mot impressionna le Congrès. Le duc d'Almodóvar fit voir qu'une ombre épaisse pesait sur cette question, que le pays entier s'en trouvait péniblement affecté et insinua qu'il s'expliquait enfin à la suite de quels désaccords demeurés secrets M. Silvela s'était éloigné de la politique active.

M. Silvela écrivit alors au duc d'Almodóvar une lettre ouverte qui fit grand bruit. Il y expliquait qu'en arrivant au pouvoir il avait en effet trouvé, préparé par M. Sagasta, un projet de traité qui eût été très profitable à l'Espagne ; mais que, préparé et accepté depuis trois mois, ce projet n'avait malheureusement pas encore été signé par le gouvernement espagnol. Les conditions diplomatiques avaient varié pendant ces trois mois ; à l'époque où il prenait la succession de M. Sagasta, les rapports entre la France et l'Angleterre s'étant sensiblement modifiés, le cabinet conservateur Silvela trouva dangereux pour l'Espagne de signer ladite convention avec la France seule..... M. Silvela ajoutait que ces questions n'avaient nullement motivé sa retraite qu'il ne fallait attribuer « qu'à la dépression générale qu'il avait personnellement cru constater dans l'esprit public et à la conviction que lui-même n'était plus en état de tenter de l'en guérir ».

La négligence dont M. Silvela semblait accuser l'ancien chef du parti libéral, le très populaire D. Mateo Sagasta, parut peu vraisemblable ; on pensa qu'il n'eût pas été dans le caractère de cet homme d'État de préparer le projet franco-espagnol sans s'être assuré au préalable l'assentiment de l'Angleterre.

La lettre de M. Silvela est appelée à faire naître au Congrès de
violents débats.

Il en sera de même prochainement de la question du change, soulevée une fois de plus dans la dernière semaine de juin par le comte
de Romanones.

Enfin, la récente signature d'un nouveau concordat entre Madrid
et Rome va provoquer incessamment la protestation des minorités
du Congrès.

Impressions d'Espagne.

A l'occasion du centenaire de Kant, je trouve dans une revue un
jugement exprimé en 1798 par le philosophe allemand : « L'Espagnol, mélange du sang européen et more, est solennel dans sa vie
publique et dans sa vie privée ; le paysan lui-même a, devant la
noblesse, conscience de sa dignité..... cette gravité ne l'empêche
pas, cependant, de se divertir avec ivresse dans les jours de fête.....
l'Espagnol n'étudie rien de ce qui se passe au dehors ; il ne voyage
pas ; au point de vue des sciences, il est en retard de plus d'un siècle ; hostile à toute réforme, il se flatte de n'avoir pas besoin de
travailler....., son penchant le plus manifeste se révèle dans les
courses de taureaux, c'est la tendance native à la cruauté, à l'entraînement de la passion, aux « autos de fé »..... tout cela dénote une
origine extra-européenne. »

Si ce n'est que, dans son ensemble, le caractère national a bien
un peu perdu de l'antique superbe des hidalgos, le jugement de
Kant, écrit il y a plus d'un siècle, s'applique exactement à l'Espagne
d'aujourd'hui.

Il y a une année, j'en ignorais presque tout ; mon enthousiasme
égalait mon ignorance. L'Espagne que mon imagination me repré-
sentait et à l'existence de laquelle je m'obstinais à croire, était beaucoup supérieure à la réalité. Les mois que j'achève de passer dans la
patrie de Cervantes me l'ont appris jour par jour, presque malgré
moi ; et, quel qu'ait été l'intérêt très vif de mon séjour, je rapporte
une désillusion.

Ce n'est pas que les curieux et vivants souvenirs, les monuments,
les splendides collections, ne m'aient pas retenu et vivement frappé ;
l'Alhambra de Grenade, la mosquée de Cordoue, les musées de

Séville et de Madrid..... ne m'ont pas déçu, tout au contraire. En prononçant le mot de désillusion, je n'envisage que l'état actuel et social de la Péninsule, le rôle qu'elle me paraît jouer dans la société européenne.

On peut tout voir en Espagne lorsqu'on a le loisir de regarder. La masse de la population y vit au grand jour, désintéressée presque complètement de ce qui peut advenir au delà des frontières ; n'éprouvant à vrai dire aucun des besoins de la vie moderne dont elle connaît à peine les aspirations et les efforts, elle se contente d'une existence simple, étroite et monotone, d'où l'esprit d'initiative est presque totalement absent.

Le progrès paraît lui être un joug ; les autres peuples l'obligent à vivre à peu près avec son siècle ; mais cet entraînement lui est pénible et son penchant est d'y résister.

L'Espagnol est d'une remarquable sobriété ; il vit de rien ; ses plaisirs seuls sont impérieux. D'ailleurs, il lui est aussi naturel de mendier que de travailler, et les continuelles loteries d'État l'encouragent à dédaigner l'effort personnel.

Telle est la physionomie actuelle de l'Espagne, exception faite de la Catalogne et des provinces basques, qui possèdent un caractère tout spécial et qui, comme on l'a dit souvent, n'ont pas l'air d'être espagnoles.

Au point de vue ethnographique, l'Espagne ne ressemble à aucun autre pays européen ; le mélange intime des sangs arabe et chrétien a créé un peuple d'une mentalité telle, qu'aucun autre ne peut lui être comparé. « Qui sait, dit Modesto Lafuente, si notre abattement, notre manque de ressort ne sont pas dus à la prédominance du sang arabe sur le sang arien plus confiant dans l'avenir ? » — Je ne pense pas que la décadence espagnole remonte à des causes aussi radicales, aussi irrémédiables pourrait-on dire ; bien plutôt, je crois que les gouvernements qu'a eus l'Espagne depuis quatre siècles sont les premiers responsables de la situation actuelle. Toutefois, il y a tant d'Arabe chez l'Espagnol, que la pensée de Lafuente retient l'attention. Elle m'a affermi, en tout cas, dans l'idée que les Espagnols sont un peuple peu latin.

*
* *

On peut entrer en Espagne par deux voies ferrées qui, par leur organisation et même leur haut personnel, sont presque exclusivement françaises. Cet état de choses surprend au premier abord ; mais la surprise augmente bien davantage, lorsqu'on s'enfonce dans le pays et que l'on constate l'invasion pacifique de l'étranger : la France, l'Allemagne, l'Angleterre, la Belgique sont partout, par leurs sociétés et entreprises de tout genre, à l'exclusion presque complète de l'élément espagnol ; l'étranger a tout créé, gaz, électricité, tramways, constructions industrielles, etc..... presque tous les objets de manufacture sont importés.

Il existe cependant en Espagne de considérables fortunes; le capital est peu divisé. Ceux qui le possèdent manquent de l'esprit de confiance qui serait la forme la plus efficace de leur patriotisme. L'Espagnol riche place à des intérêts éprouvés et solides; il ne lui plaît pas de risquer son argent; il n'a pas, en général, le souci de le faire fructifier et de semer le bien autour de lui en consacrant une part de son patrimoine à des entreprises dont les débuts pourraient l'inquiéter. On peut même dire qu'il voit avec plaisir la prépondérance de l'étranger dans le développement de sa vie moderne; elle lui permet d'améliorer ses conditions d'existence sans se donner de peine, de ne pas se soucier de questions que son manque de connaissances scientifiques et industrielles lui rend à peu près étrangères et de suivre la pente sentimentale et rêveuse de ses goûts.

L'Espagne abonde pourtant en richesses; elle pourrait exploiter des mines, cultiver une surface immense aujourd'hui inutilisée; elle pourrait d'abord augmenter le transit intérieur en créant des voies de communication.

Pleine de souvenirs, de curiosités dispersées sous un admirable ciel, elle éloigne le voyageur par le manque de confort et d'organisation de ses chemins de fer, par l'incertitude proverbiale et le fonctionnement incroyablement rétrograde de ses services publics, par la malpropreté de ses habitudes domestiques. Non seulement l'Espagne conspire contre le tourisme aujourd'hui si répandu, mais encore c'est à peine si ses villes andalouses les plus délicieuses, Malaga par exemple, dont le climat est un perpétuel printemps, consentent à faire un effort pour devenir les stations hivernales qu'elles devraient être.

Que dire de la vie politique espagnole, sinon qu'elle n'est jusqu'à ce jour qu'une constante et stérile ébullition? Le sentiment de la légalité est trop peu vivant dans les esprits pour servir de base à un pouvoir civil sérieux, à une vie sociale régulière. Un regard, même rapide, jeté sur les choses publiques, montre une habitude invétérée du désordre. Au grand jour s'étale l'appareil d'un régime représentatif régulier; mais, derrière le voile, s'agitent une foule de « cabecillas », de petits groupes en effervescence continuelle.

A vrai dire, les intérêts ne sont pas assez développés dans la Péninsule pour se solidariser et imposer la nécessité de l'ordre. Cette vie politique est un tourbillon; il semble qu'aucune réforme n'ait le temps de prendre racine.

Comme je l'ai dit, l'instinct de la légalité n'est pas vivant dans les consciences; la langue castillane le dit d'un mot, en une formule devenue une sorte de dicton populaire : « todos se aprovechan », « chacun tire profit pour lui-même » des circonstances; aux divers degrés de la société, cet état de choses se traduit par des coups de tête politiques, des actes plus ou moins délicats, voire même des crimes.

L'un de nos compatriotes, après sept années de séjour au milieu d'eux, me disait que les Espagnols sont de grands enfants.

Sans doute il y a dans le génie national, comme dans le sol lui-même, quelque chose de vierge et d'inculte, d'endormi jusqu'à présent, que l'avenir fera fructifier de même que le jugement transforme l'enfant indocile en homme réfléchi. Mais les intérêts généraux de la société espagnole ne sont pas encore assez puissants pour que cette transformation semble prochaine.

La monarchie pourra-t-elle se maintenir? Je ne sais. Le parti républicain prend beaucoup de force, la minorité républicaine du Congrès augmente régulièrement ; les élections municipales de novembre dernier ont fait surgir, de leurs luttes orageuses et quelquefois sanglantes, de nouveaux conseillers appartenant au parti de D. Nicolas Salmeron.

S'il n'est pas douteux, en tout cas, qu'il existe à l'heure actuelle

dans les deux grands partis monarchique et républicain des hommes
de grande valeur et de haute culture, des esprits éclairés et patriotes,
il ne l'est pas moins que le peuple espagnol, profondément ignorant,
profondément divisé sur les questions politiques et religieuses, est
passionné pour la discussion, prompt aux paroles enflammées et aux
actes excessifs; qu'enfin le relèvement de l'Espagne, sa mise au
point de l'Europe moderne, présente d'immenses difficultés et
dépend avant tout, comme je l'ai dit plus haut, du développement
des grands intérêts sociaux.

L'idiome castillan est fait d'images, d'imitations, d'onomatopées,
d' « altisonante », c'est-à-dire de ces éclats de paroles pompeuses
qui éveillent les sentiments plus aisément que les idées.

La « jota » arabe, les sons gutturaux dont la rudesse faisait
gémir Théophile Gautier, la tournure africaine d'un très grand
nombre de termes, interviennent à chaque moment dans le discours
pour étonner d'abord l'oreille au choc de leur originalité sauvage.
L'accent tonique s'y affirme, martèle le langage avec autant de
vigueur dans les mots sourds que dans les plus légers; la voix n'est
jamais retenue, jamais tamisée dans l'émission d'une syllabe
muette; toutes les notes se prononcent et chantent une musique
retentissante où les vibrations les plus graves se mêlent en une
étrange harmonie aux tons les plus aigus et aux modulations les
plus déliées.

Tous ces caractères suffisent aussi à définir, d'une façon frappante, le génie même du peuple espagnol tel que je l'ai jugé : l'exaltation de ses sentiments, leur éclat; son faible penchant pour les
sciences et leur philosophie ; enfin sa forte teinte africaine et même
musulmane. Aucune langue ne peut émaner d'une façon plus sai-
sissante du peuple qui la parle, aucun peuple ne peut plus nettement trahir dans son langage les qualités et les défauts de sa nature
intellectuelle. Aussi les fêtes populaires de tous les genres, toujours
semblables à elles-mêmes depuis des siècles, avec leur mimique originale, leur folie de mouvement, leur musique impressionnante,
leurs chansons aux paroles légères et d'un sentimentalisme expressif,

constituent le tableau le plus complètement espagnol que l'on puisse imaginer.

A vrai dire, l'Espagnol ne sort volontiers de son repos d'Oriental qu'au moment où la passion le sollicite ; alors il se donne à elle, quelle qu'elle soit, et jusqu'à l'excès. Mais l'étude réfléchie, la prévision consciencieuse ne sont pas des qualités nationales chez ce peuple d'impulsifs.

Jusqu'à présent, le souffle de la civilisation moderne a passé sur la Péninsule comme la brise sur une eau profonde dont la surface seule se laisse émouvoir et prend une apparence d'activité.

René Nielly,

Lieutenant de vaisseau.

Juillet 1904.

PARIS. — IMPRIMERIE R. CHAPELOT ET Cᵉ, RUE CHRISTINE, 2.

9 782019 938055